Reinhold Vormbaum

Hans Egede, der Prediger des Evangeliums in Grönland

Nach seinem Leben und Wirken

Reinhold Vormbaum

Hans Egede, der Prediger des Evangeliums in Grönland
Nach seinem Leben und Wirken

ISBN/EAN: 9783743336148

Hergestellt in Europa, USA, Kanada, Australien, Japan

Cover: Foto ©Lupo / pixelio.de

Manufactured and distributed by brebook publishing software (www.brebook.com)

Reinhold Vormbaum

Hans Egede, der Prediger des Evangeliums in Grönland

Hans Egede,
der Prediger des Evangeliums
in
Grönland.

Nach seinem Leben und Wirken

dargestellt

von

Reinhold Vormbaum,
Pfarrer zu Kaiserswerth am Rhein.

Zweite verbesserte und vermehrte Auflage.

Elberfeld,
Druck und Verlag der Bädeker'schen Buch und Kunsthandlung
(A. Martini & Grüttefien).
1861.

Erstes Kapitel.

H. Egede's Leben bis zu seiner Ankunft in Grönland.

Durch Ehre und Schande; durch böse Gerüchte und gute Gerüchte.
2 Cor. 6, 8.

Am 31. Januar 1686 wurde Hans Egede in der Vogtei Senjen im Amte der Nordlande geboren. Die Geschichte seiner Jugend- und Jünglingsjahre ist uns wenig bekannt. Sein Leben liegt uns erst von der Zeit klar vor, seit er für den Herrn zu leben begann. Nachdem er in Kopenhagen seine theologischen Studien vollendet hatte, fand er kaum 21 Jahre alt im Jahre 1707 einen Wirkungskreis als Prediger der Gemeinde zu Vaagen in den Nordlanden. Nicht lange nach seinem Amtsantritt vermählte er sich mit Gertrude Rask. Wir gedenken hier gleich dieser seiner Gattin, weil sie auf den spätern Lebensgang ihres Gatten einen nicht geringen Einfluß ausgeübt hat.

Egede mochte etwas länger als ein Jahr in Vaagen gewesen sein, als ihn eigene Gedanken beschäftigten. Er wußte selbst nicht recht, wie ihm war, — aber er fühlte sich unaussprechlich unruhig. — Er hatte einmal in einem Buche von den alten Norwegern gelesen, wie sie mit ihren Schiffen das Meer durchschnitten, fremde Länder und Völker aufgesucht und unter ihnen sich angesiedelt hätten. Da war ihm nun berichtet, daß seine Vorfahren auch in Grönland sich niedergelassen; daß sie dahin das Christenthum gepflanzt und in dem fremden Lande christliche Kirchen erbaut hätten. Diese Nachrichten machten auf ihn einen besondern Eindruck. Er gab sich Mühe zu erfahren, wie es denn jetzt wohl mit jenen Christen Grönlands stehen möchte. Der Bruder seiner Frau, Niels Rask in Bergen, konnte ihm darüber die sicherste Auskunft geben, denn der war mehrere Male auf den Wallfischfang nach dem Norden gefahren. Das, was Egede durch diesen erfuhr, mehrte seine Unruhe. Sein Schwager erzählte ihm, daß er in Grönland keine Spur von Christen gefunden habe; der südlichste Theil des Landes werde jetzt von rohen Heiden bewohnt, die Ostküste aber sei wegen der großen Eismassen unzugänglich. Die Kunde erfüllte den Egede mit innigem Mitleiden gegen seine unglücklichen Landsleute in Grönland, denn er meinte, daß die jetzigen Bewohner des Landes Abkömmlinge der norwegischen Kolonisten sein müßten.

Der Gedanke an das Elend derselben weckte Gedanken der Hülfe in ihm. Es waren rechte Missionsgedanken. Er hielt es für eine heilige Pflicht der Norweger, daß sie sich ihrer verkommenen Brüder annähmen. Er selbst war bereit hinauszuziehen und den heidnischen Grönländern das Evangelium zu bringen. Er würde es für seine größte Freude und Glückseligkeit ansehen, sagte er, wenn er den Grönländern Christum predigen dürfte.

Diese Gedanken, welche Egede unaufhörlich bei sich bewegte, machten ihm viele Sorge. Er für seinen Theil hätte sich wohl allen Beschwerden in dem kalten Grönland in der Liebe Jesu Christi unterzogen; aber sollte er seine Frau und sein Kindlein in's Elend stürzen? Unter vielem

Gebete legte er dem Herrn die Sache an's Herz. Höre, wie er selbst sich ausspricht: „Die große Lust und Begierde, Gottes Ehre und dieser armen Menschen Seligkeit zu fördern, hielt mich fest auf der einen Seite, auf der andern aber wurde ich aus Furcht vor der daraus entstehenden Gefahr und Beschwerlichkeit wieder abgeschreckt, so daß ich unablässig zu Gott seufzte, er wolle mich aus dieser Versuchung erlösen, daß ich nicht durch vorgreifliche und vermessene Vorschläge und Vornehmen mich und die Meinigen in Unglück und Verderben stürzte." Je mehr Egede betete, desto unruhiger wurde er; je mehr er sich den Gedanken an Grönland aus dem Sinne zu schlagen suchte, desto tiefer setzte er sich bei ihm fest. Wohl zwei Jahre hatte er in dieser Unruhe zugebracht. Da meinte er, daß es gerathen sei, sich mit einem Vorschlage zu einer Grönländischen Mission an den frommen König Friedrich IV. zu wenden. Im Jahre 1710 ließ er denselben an die Bischöfe von Bergen und Drontheim abgehen, mit der Bitte, ihn dem Könige vorzulegen und zu empfehlen. Beide Bischöfe lobten in ihren Antwortschreiben seinen Plan, verhehlten ihm aber auch nicht die Schwierigkeiten, welche sich der Ausführung desselben entgegenstellen würden.*)

Was bisher in Egede vorgegangen war, wußte nur er und sein Herr. Aber es dauerte jetzt nicht lange, als die Kunde davon durch das ganze Land flog. Der Bischof Randulf von Bergen hatte seinen Hausgenossen den Inhalt jenes Vorschlages mitgetheilt und dabei erwähnt, daß

---

*) Die bischöflichen Antwortschreiben in H. Egede, Ausführl. und wahrhafte Nachricht vom Anfange und Fortgange der Grönländischen Mission. Hamb. 1740. S. 3 ff.

Egede sich selbst angeboten habe, als Prediger nach Grönland zu gehen. Von dem Hause des Bischofs durchflog diese Nachricht bald die Stadt. Einige in Bergen gerade anwesende Verwandte hörten davon mit Staunen. Sie schrieben sofort an Egede's Frau, die bis jetzt davon Nichts erfahren hatte. Dieses Schreiben machte das Pfarrhaus zu Vaagen zu einem Klagehause. Egede's Mutter und Schwiegermutter bestürmten ihn mit ihren Thränen, von diesem Plane abzulassen. Seine Frau jammerte und weinte. Seine Freunde riethen, seinen Vorsatz aufzugeben. Egede konnte nicht widerstehen. Er gab den Seinigen das Versprechen, daß er nicht mehr an eine Reise nach Grönland denken, sondern in dem Amte bleiben wolle, was ihm der Herr gegeben habe. „Nun dachte ich," erzählt er, „ich hätte Alles gethan, was ich vermocht, und Gott könnte nun nicht mehr von mir fordern, weil ich von Anderen davon abgehalten würde, und es nicht bei mir allein stände, hierin zu thun und zu lassen, was ich wollte. Ich wurde ganz fröhlich und vergnügt, und dankte Gott, daß er mich durch diese Gelegenheit von meinen Versuchungen und thörichten Grillen befreiet."

Allein Egede's Ruhe währte nicht lange. Im Evangelium steht das Wort des Herrn: Wer Vater oder Mutter mehr liebt, denn mich, der ist meiner nicht werth. Und wer Sohn oder Tochter mehr liebt, denn mich, der ist meiner nicht werth. Matth. 10, 37. Das Wort fiel ihm schwer auf die Seele. Tag und Nacht trug er sich mit demselben herum. Er war darüber so bekümmert, daß er zur Arbeit ganz unfähig wurde. Seine Frau ahnte, was ihren Gatten quäle. Sie machte ihm alle möglichen Vorstellungen und meinte, diese Unruhe könne ebenso gut ein Werk des Teufels, als Gottes sein; denn Gott verlange nichts Unmögliches von den Menschen. Aber das Alles half dem Manne Nichts. Er fühlte sich gequält und beunruhigt: „ich wünschte," sagt er, „mir lieber den Tod als das Leben."

Was hätte Egede gegeben, wenn auch seine Frau mit ihm eines Sinnes gewesen wäre! — Das Feuer in ihm war von dem Herrn angezündet. Der sorgte nun auch dafür, daß es nicht unnütz aufflackere; es sollte brennen und entzünden. Darum räumte er auch Alles hinweg, was dieses Feuer auszulöschen suchte. Zuerst nahm er Gertrud Egede in seine Zucht.

Egede hatte zu seinen Predigten großen Zulauf. Aus anderen Gemeinden fanden sich zahlreiche Zuhörer ein. Darüber hatte ein benachbarter Prediger seinen Aerger, er gab dem Egede die Schuld, daß er vor leeren Kirchbänken predigen müsse. In seinem Hasse bereitete er dem vermeintlichen Gegner und seiner Frau manchen Verdruß. Egede sah darin einen Wink des Herrn. Er stellte seiner Frau vor, ob diese Unannehmlichkeiten nicht gesandt seien, weil sie so wenig Muth gehabt, sich zu verleugnen und dem Rufe des Herrn zu folgen. Er bat sie, vor dem Herrn im Gebete sich darüber zu befragen. Gertrud betete und betete wieder. „Sie trug," sagt Egede, „oft unter vielen Thränen die Sache Gott vor, bis der Herr ihren Willen beugte, daß sie hernach mit ebenso großer Begierde wünschte, Grönland zu sehen, und Christi Reich allda gepflanzt, so daß ich nun versichert war, sie würde mir als eine getreue Sarah mit Vergnügen folgen, wohin es auch wäre, und in allen Begebenheiten, welche Gott schicken könnte, fröhlich sein." Niemand war froher, als Egede. Ihm war's, wie wenn „einer, der über viele Sümpfe und schlüpfrige

Stellen eine Höhe erreicht hat, und nun innig erfreut und dankbar erkennt, wie der Herr ihm über dieses Alles hinausgeholfen hat."

Jetzt, nachdem seine Frau gewonnen war, konnte er ernstlich an die Ausführung seines Vorhabens denken. Aber die Sache mußte noch durch viele Schwierigkeiten und Hindernisse, er selbst durch Ehre und Schande, durch böse Gerüchte und gute Gerüchte hindurch. Mehrere Jahre vergingen, ehe ihm auch nur ein Hoffnungsstern aufging.

Eben war das Missionskollegium in Kopenhagen errichtet*), und Egede glaubte bei demselben Theilnahme für eine Mission in Grönland zu finden. Er arbeitete im Anfange des Jahres 1715 „eine schrift- und vernunftgegründete Erklärung über die Hindernisse und Einwendungen gegen die Bekehrung der heidnischen Grönländer" aus. Allein so eifrig er auch seine Sache verfocht, so erreichte er doch nichts anderes als Versprechungen. Friedrich IV. führte damals gerade Krieg mit dem Könige Karl XII. von Schweden. Wenn der Friede zurückgekehrt sei, wurde ihm gesagt, würden sich vielleicht auch Mittel für eine Mission in Grönland finden. Du kannst denken, daß Egede dieser Bescheid nicht recht war. Er trauerte, daß man so wenig übrig habe für die Kriege des Herrn. Er kannte seinen frommen König. Er wandte sich an ihn mit seiner Bitte, (1716.) Er bat den von Westen,**) sein Gesuch an das Missionskollegium abzugeben, damit dasselbe beim Könige für ihn Fürsprache einlege. Und um seiner Vorstellung den möglichsten Nachdruck zu geben, wollte

---

*) Vgl. Ev. Missionsgesch. I, 2. 3. S. 87.
**) Vgl. über ihn Ev. Missionsgesch. I., 5.

er sich selbst nach Kopenhagen begeben. Mehrere Jahre verzog sich diese Reise. Er sah wohl ein, daß, wenn aus dem Werke etwas werden sollte, er selber kräftiger handeln müsse. Das stand ihm fest: entweder mußte er den Plan aufgeben, oder er mußte sein Amt an der Gemeinde niederlegen. Das erstere „erlaubte ihm der Trieb, den er hatte, dieses Werk möglichst bald gefördert zu sehen, keineswegs," darum wählte er, freilich unter vielem Kampf, das zweite. Im Namen des Herrn, dem er das zeitliche Wohl der Seinen getrost anheimstellte, beschloß er also, sein Pfarramt niederzulegen, um sich ganz der Mission in Grönland widmen zu können. Im Jahre 1717 bat er den Bischof, seine Stelle durch einen andern zu besetzen.

Der Tag des Abschieds von seiner geliebten Gemeinde kam heran. Dem Egede wollte wieder aller Muth entfallen. Aengstigende Gedanken gingen ihm durch den Kopf. Seine Frau war jetzt stärker als er; sie mußte dem muthlosen Manne beistehen. Sie stellte ihm vor, daß, „wo er sein Werk mit Gott angefangen, es mit Gott berathen und in der Versicherung des Glaubens an Gottes Hülfe und Beistand dieses Alles beschlossen habe, so dürfe er ja jetzt, da es zum Aeußersten gekommen, keineswegs zweifeln oder kleinmüthig werden." Und der Herr versiegelte dem Zagenden das aufmunternde Wort seines heldenmüthigen Weibes, also „daß er in Jesu Namen von seinen Zuhörern, seiner Mutter und seinen Geschwistern und andern guten Freunden einen liebevollen und schmerzlichen Abschied nehmen konnte." Im Juli 1718 hielt er seine Abschiedspredigt über Apostelgesch. 20, 32: Und nun, liebe Brüder, ich befehle euch Gott und dem Worte seiner Gnade, der da mächtig ist, euch zu erbauen und zu geben das Erbe unter

Allen, die geheiliget werden. „Ich gestehe," erzählt er, „daß dieses die schwerste Predigt war, die ich noch gehalten; denn der Text war an sich selber beweglich, mein Vorhaben wichtig und besonders; so setzte solches sowohl mich als meine Zuhörer in große Bewegung, daß wir unter der Predigt unsere Thränen mit einander vermischten, so daß ich kaum meine Rede ausführen und meine Meinung von mir sagen konnte. Es war nun die Liebe auf beiden Seiten am heftigsten, wie ungern sie meiner entbehren wollten, so ungern wollte ich sie verlassen, wenn nicht die Lust und Liebe, Gottes Ehre unter den wahnwitzigen Grönländern zu befördern, mich dazu bewogen hätte."

Mit Frau und vier Kindern, von denen das jüngste erst ein Jahr alt war, zog Egede im Herbste 1718 nach Bergen. Hätte es ihm nicht festgestanden, daß der treue Gott seine Wege geleitet, so hätte er hier wieder an sich und seinem Unternehmen irre werden müssen. Man sah ihn als einen Schwärmer an; man verlachte und verhöhnte ihn wegen seines Vorhabens. Nun du weißt ja, mit welchem Maßstabe die Welt des Glaubens Liebesdrang mißt. Sie kann's nicht begreifen, wie Jemand sich selbst dahingeben kann, um allein für den Herrn Jesus zu leben und zu wirken. So ging's auch in Bergen. Die Leute dachten nur an den irdischen Gewinn, welchen eine Niederlassung in Grönland ihnen bringen würde. Damit sah's nun freilich sehr schlimm aus, denn die Concurrenz der Holländer hatte den Handel in jenem Lande verdorben. Nie ist eine evangelische Mission um irdischen Gewinnes willen unternommen worden; sie kennt keinen andern Gewinn, als den, daß verlorene Seelen gerettet und bekehrt werden zum Heilande der Welt.

An nichts Anderes dachte Egede, wiewohl die Feinde über seine Absichten besser unterrichtet zu sein meinten. Er ließ alle Verdächtigungen ruhig über sich ergehen. Er benutzte seine Zeit in Bergen, um sich in der Landmessung, in der Schmiedekunst und in anderen Fertigkeiten unterrichten zu lassen. Auch seine Kinder hielt er zu ähnlichen Arbeiten an.

Unter diesen Beschäftigungen ging ihm ein Hoffnungsstern auf. Karl XII. fand vor Friedrichshall 1718 seinen Tod. „Der Sommer des Friedens," auf. den man ihn früher vertröstet hatte, schien gekommen zu sein. Egede hatte nun nicht länger Ruhe in Bergen. Im Frühjahre 1719 unternahm er seine längst beabsichtigte Reise nach Kopenhagen.*) Er wollte persönlich dem Könige die Er-

---

*) Es ist von Interesse, Egede's damalige Ansichten über sein Missionsunternehmen kennen zu lernen, ich lasse seine Vorschläge hier vollständig folgen; vgl. H. Egede, Ausführliche und wahrhafte Nachricht vom Anfange und Fortgange der Grönländ. Mission. Hamb. 1740. S. 11 ff.

1) Daß Grönland, so seinen Anfang auf 60 Grad nimmt, und sich nach Nord erstrecket gerad unter dem Pol, eine Ihro Königl. Majestät von Dänemark zugehörige Landschaft sei, kann keine Nation streitig machen, dieweil bemeldetes Land von Norwegen aus bebauet und besetzet worden, und nachgehends allezeit eine Dependence von der Nordischen Krone gewesen. 2) So geben auch unsere Annales zu erkennen, daß die Einwohner in Grönland in dem christlichen Glauben erleuchtet und mit Bischöfen und Lehrern bis zu der Königin Margaretha Zeiten versehen gewesen, da denn die Schifffahrt dahin sowohl wegen erlittenen Schiffbruchs, als auch beständiger Kriege mit Schweden verhindert wurde, und die Anstalten, das Land zu besegeln, weil Norwegen unter ihre Regierung mit kam, unterlassen wurden. Nach ihrem Tode wurden auch die Könige

richtung der grönländischen Mission an's Herz legen. Bei
Friedrich IV. fand er freundliche Aufnahme. Der König
ließ sich von ihm über Grönland erzählen und versprach
seine Unterstützung. Friedrich hat sein Wort gehalten.
Am 17. November 1719 erließ er einen Befehl an den

in Dänemark durch Krieg und andere Dinge daran verhindert,
so daß Grönland je mehr und mehr in Vergessenheit gerieth.
Aus dieser Ursach sind die basigen Einwohner wieder in die
Heidnische Blindheit verfallen, weil es ihnen an Lehrern und
Unterweisung gefehlet, so daß man von denen, so nun dahin
gefahren, nicht erfahren können, ob sie noch einige Christliche
Lebensart beibehalten, sondern vielmehr ein wildes und barba-
risches Wesen; denn wo die Weissagung aus ist, wird das
Volk wilde und wüste, heißet es Proverb. 29. Doch soll annoch
zu Zeiten Christiani IV. glorwürdigsten Andenkens, nämlich
1546 ein Mönch, so in Grönland geboren, von dort hier an-
gekommen sein, welcher sowohl von dem Christlichen Glauben,
als auch der Lateinischen Sprache einige Wissenschaft gehabt
(citante Blefkenio), so hätten auch höchstbemeldete Ihro Kgl.
Maj. wieder allen Fleiß angewandt, das Land besegeln und
erleuchten zu lassen. Ich weiß aber nicht, durch was für Ver-
hinderung ein so löblich und Christliches Vorhaben keinen Fortgang haben können. 3) Nachdem aber das Land von den
Unsrigen in Vergessenheit gekommen, haben andere fremde Nationen gesucht, sich der Grönländischen Fahrt zu bedienen, und
zwar nicht ohne ihren großen Vortheil und Gewinn, wie
solches genug bekannt, indem sie nicht nur eine lange Zeit den
Wallfischfang unter Norden, sondern auch den profitablen
Handel mit den Wilden unter Süden und Süd-West getrieben.
Denn daß die Hafen und Küsten, so einige Schiffe fremder
Nation besegeln, auf bemeldetem alten Nordischen Grönland
sich befinden, solches weiset die alten Landkarten zur Genüge
aus. 4) Was für Schaden und Nachtheil Ihro Königl. Maj.
Lande und Unterthanen hierdurch in ihrem Handel bekommen,
kann leicht erachtet werden; sogar daß auch die Bürger, welche

Stiftsamtmann und Magiſtrat in Bergen, daß derſelbe die
Grönlandſchiffer und Kaufleute fragen ſolle, ob dieſelben
zu einer unter königlichem Schutze zu errichtenden Handels-
niederlaſſung in Grönland geneigt ſein würden. Der Magiſtrat gehorchte. Aber die Kaufleute Bergens wollten von

aus der Königl. Kaufſtadt Bergen den Handel anfingen, und
ſolchen mit der Schifffahrt nach Straße Davis zu continuiren
gedachten, ſolchen aufgeben mußten, weil die Holländiſche Nation
in wenig Jahren allen Handel an ſich gezogen. 5. So weiß
man auch aus der Erfahrung, wie beigehende allerunterthänigſte
Documenta ſolches ausweiſen, daß Grönland nicht ſo arm und
pauvre iſt, und für unſere Nation ein unglaublicher Vortheil
wäre, wenn ſich andere dieſes Vortheils müßten enthalten. Denn
daß ich den profitablen Handel mit den Wilden auf bemeldter
Küſte Straße Davis mit Stillſchweigen übergehe, ſo kann man
noch allda allerhand Fiſchereien mit Wallfiſch, Seehunden, Tor-
ſchen, Lare ꝛc. mit großem Gewinne ſich zu Nutzen machen.
Welches auch die Holländer einige Jahre mit großem Profit
daſelbſt practiciret haben. Dieſen Vortheil aber könnte ſich
unſere Nation allein mit Recht zueignen und deſſen Succes
theilhaftig werden, wenn zur Aufrichtung einer Colonie und
Logen daſelbſt Anſtalt gemacht würde, wozu nur eine leibliche
Beköſtung erfordert würde, auch wegen des harten Landes und
kalten Climatis unmöglich anders ſein kann. 6. Sollte man
ſich dieſes deſto mehr angelegen ſein laſſen, weil Gottes Ehre
und der verwilderten Menſchen Erleuchtung darunter verſiret,
und hinfüro bei dieſer guten Gelegenheit könnte befördert werden. Denn welcher unter uns ſollte es nicht für die höchſte
Pflicht achten, Gottes kundbares Licht vor denen wieder an-
zuzünden, denen es eine Zeitlang verdunkelt geweſen. Zumal
da es eine Nation iſt, ſo von uns ſelber und dieſem Reiche
herſtammt, und nach Beſchaffenheit der Zeit zugleich mit uns
den Glauben an den Herrn Chriſtum angenommen, hernach
aber aus Mangel der Lehrer und Unterweiſung, auch langen
Abſonderung chriſtlichen Nationen wieder ausgeſtorben. Dieſes

einem solchen Unternehmen Nichts wissen; die Grönland-
schiffer wußten nur von Schwierigkeiten desselben zu reden,
„denn sie waren bange, daß, wenn sie etwas Gutes von
dem Lande sagten, ihnen allergnädigst möchte befohlen werden, nicht allein dahin zu fahren, sondern auch einige Zeit

ist ja von so hoher Bedeutung, daß es nimmer mit gutem
Gewissen und größter Verantwortung vor Gott so leichtsinnig
kann übergangen und unterlassen werden. 7. Dieses ist auch
vornemlich mein Endzweck gewesen, warum ich als ein un-
würdigster und geringster Diener Jesu Christi aus ganz ein-
fältiger Absicht und Verlangen Gottes Ehre und dieser armen
Menschen Seligkeit zu befördern, nun einige Jahre her mit
meinen alleruntertänigst eingelegten Memorialen gesucht habe,
bemeldete Grönländische Mission vor Ihro Königl. Maj. in
alleruntertänigster Devotion zu incaminiren, doch hat solches
wegen bisherigen beschwerlichen Zustand der Zeit keinen Effect
thun wollen. Nichts desto weniger habe ich nun auf der Hoch-
ehrw. Bischöfe zu Bergen und Trundheim ihr Rathschlagen
und Bedenken mein Amt in Norbland verlassen und durch An-
trieb meiner eigenen unwürdigen Person mir vorgesetzt, mit
Ernst Hand an das Werk zu legen, in der alleruntertänigsten
Hoffnung, es werde unser allergnädigster Erbkönig und Herr,
welcher ja sonst zuvor auf alle Weise allergnädigst seine Begierde
sehen lassen, Gottes Ehre und Reich auch unter den Heiden in
Ostindien auszubreiten, auch dieses für genehm und gut halten,
wenn einige Apparence wäre, diese wilde Nation wieder dahin
zu vermögen, daß sie Gott und ihren König wieder kennen
lernen, zumal da sie zu dieser Hülfe und Fürsorge vor andern
Heiden das Vorzugs-Recht haben. 8. Daher habe ich bei meiner
Ankunft zu Bergen allen Fleiß angewendet, etliche christliche
Gemüther allda aufzumuntern, welche sich der Schiffahrt und
Handlung nach Grönland wieder annehmen und allda eine
Colonie und Handlungs-Compagnie aufrichten möchten. Und
wiewohl einer und ander wohl Lust dazu gehabt hätte, so waren
doch die Effecten nur geringe, ein so weitläuftiges Werk auszu-

allda zu verbleiben, wozu sie gar keine Lust hatten."
Egede's Plan war um keinen Schritt seiner Ausführung
näher gebracht. Er war wie geschlagen. „Ich gränıte mich,"
sagt er, „in meinem Sinn über die Maaßen, daß, da sie
Christenmenschen waren und doch so wenig Liebe hätten,

führen; so viel konnte ich wohl von ihnen merken, es muß ten
erst Ihro Königl. Maj. allergnädigst geruhen, den Compagnien,
so sich hierzu wollten resolviren, gewisse Privilegien zu ver=
gönnen, welche Dero Hochseel. Herr Vater glorwürdigsten An=
denkens der Wallfische Compagnie in einer Verordnung vom
13. Sept. Anno 1697 und in einem Placat vom 25. Febr.
1691, worin den fremden Nationen die Fahrt nach Grönlund
verboten, schon vergönnet. So würden sich schon Liebhaber
finden, auch würde die Sache eine weit kräftigere Eindrücku ng
in den Gemüthern erwecken, wenn Ihro Königl. Maj. selber
allergnädigst geruhten, sie darzu zu encouragiren und aufzu=
muntern. 9. Wie auch über dieses zu dessen Bewerkstelligu ng
ein Vorschuß erfordert wird, in diesen beschwerlichen Zeiten aber
von Ihro Königl. Maj. nichts zu vermuthen stehet, auch n icht
begehret werden kann, vielweniger von einer oder andern
Privat=Person so viel kann zu Wege gebracht werden, so wird
die Noth und Wichtigkeit des Werks erfordern, daß ein jedes
christliches Gemüth nach eigenem Gutbünken und gutem Willen
hierzu contribuiren möge, wozu zweifelsohne viel gottesfürchtige
Herzen von Gott müssen erweckt werden, deren größte Freude
sei, ihr Gut und Vermögen so wohl anlegen zu können. Zu
dem Ende würden Ihro Königl. Maj. allergnädigst geruhen
müssen, eine Collecte und freiwillige Beisteuer in dero ganzen
Land und Reichen zu veranstalten und zu bewilligen, daß ein
jeder gutwillig etwas dazu contribuirte, doch mit dem Beding
und Verpflichtung, daß diejenigen, so sich dieser Collecte zu
einer Beihülfe zum Handel und Errichtung der Colonie allda
im Lande bedienen wollen, auch nachgehends, wenn Alles in
Stand gesetzt, entweder fernere Missionarios unterhalten und
die Mission verantwortlich befördern oder besfalls dem Missions=

Christi Ehre befördert zu sehen. Was sollte ich nun thun? Es war alle Hoffnung aus, bei den Menschen Hülfe und Beistand zu bekommen, weswegen ich gleichsam mit Gott zu rechten anfing, warum er mich so viele Jahre her mit innerlicher Lust und Verlangen, Christi Reich unter den

---

Collegio Rechenschaft geben müßten. 10. Ueber dieses sollte man sich auch wohl von anderer christlichen Nation eine Beisteuer hierzu vermuthen sein, als welche sich in so langer Zeit der Schifffahrt und Fischerei auf den Grönländischen Küsten zu Nutzen gemacht, sowohl aus schuldiger Erkenntlichkeit gegen Gott als unserm Könige, für den verliehenen Segen und Gebrauch, wenn sie mit Bescheidenheit desfalls erinnert würden, wie denn schon sowohl die Engländer als Teutschen aus eigenem freien Willen, sich gegen die Ost-Indische Mission sehr guttbätig und gewogen erzeiget. 11. Endlich kann uns dieses nicht wenig aufmuntern, die Grönländische Mission vorzunehmen, weil solche mit geringeren Kosten als die Indische kann ausgeführt und fortgesetzt werden. Denn hier haben wir diesen Vortheil voraus, daß wir nicht nöthig haben, für der Bekehrten oder die sich bekehren lassen wollen, ihre Nahrung zu sorgen, womit man aber in Ostindien äußerst beschwert ist, dieweil Grönland so beschaffen ist, daß sich ein jeder selber nach der Art, wie er von Jugend auf erzogen, ernähren kann, und ihm von den andern nicht kann genommen noch verboten werden, wie man dergleichen vernimmt, daß es in dem Ostindischen Missionswerk geschehe, und nicht geringe Hindernisse verursache. Ja, wenn ich sagen wollte, daß die Bekehrung der heidnischen Grönländer leichter und glücklicher abgehen werde, als in Ost-Indien, so wäre es nicht ohne Grund, denn es steht zu vermuthen, daß bei ihnen noch einige Erkenntniß des verfallenen Christenthums müsse übrig sein.

Dieses ist nun mein alleruntertänigster wohlgemeinter Vorschlag zu Beförderung dieses heil. Werkes, welchen ich Ihro Königl. Maj. allergnädigsten Resolution und Bedenken alleruntertänigst hiermit übergebe. ꝛc. Hans Egede.

Grönländern auszubreiten, unterhalten hätte und mich gleichsam dazu gezogen, da ich doch der Vernunft und dem Fleisch und Blut nach keine Lust dazu hätte, die Herzen der Menschen aber keine Rührung bezeigten, daß mein Vorhaben könne unterstützt werden. Fürwahr, hier preßte Gott viele Seufzer aus meinem Herzen, ja, ich hörte nicht auf, ihn unabläffig zu bitten und anzurufen, bis ich im Glauben gestärkt und seiner Erhörung im Herzen versichert war."

Egede sah nun wohl ein, daß Menschenarme Nichts ausrichteten. Im Vertrauen auf seinen Herrn suchte er andere Mittel. Er gewann einige Kaufleute in Bergen für sich. Sie verstanden sich dazu, eine Handelsniederlassung in Grönland zu errichten. Egede machte sich von Neuem nach Kopenhagen auf, um sich da die versprochenen Privilegien ertheilen zu lassen. Allein auch dieser Versuch mißlang. Die Regierung genehmigte die verlangten Privilegien nicht, — und „Alles lag wieder über den Haufen", wie Egede sagt.

Auf den Trümmern der fehlgeschlagenen Hoffnungen verlor Egede seinen Glauben nicht. Alle diese Erlebnisse nahm er in unerschütterlichem Vertrauen als vom Herrn gesandt an. Er war überzeugt, daß er auf solche Weise zum Dienste des Herrn gerüstet werden sollte. Er erkannte es als „Gottes Wohlgefallen, ihn in der Prüfung noch zu erhalten, um ihn beständig völliger zu lehren, daß er sich nicht auf Menschen, sondern allein auf Gott verlassen sollte. Darum hielt er sich an den Herrn, der Alles vermag, und hoffte, Er werde wohl die Mittel zur Ausbreitung seiner Ehre erwecken, wenn seine Zeit und Stunde gekommen sei."

Aber die Zeit und Stunde göttlicher Hülfe verzog sich noch lange. Der Winter 1720 verging, der folgende

Sommer verging, und Egede hatte keine Aussicht auf baldige Hülfe. Es ging in dieser Zeit wieder hart über ihn her. Seine Feinde triumphirten. Sie schalten ihn, daß er so unbesonnen seine Familie in's Elend gestürzt habe. Selbst seine Frau und Kinder waren vor den Spöttern nicht sicher. Aber die Beiden wußten, wer sie bisher geleitet hatte. Darum ertrugen sie Alles um des Herrn willen. Als man seiner Frau einmal ihre Schwäche vorwarf, weil sie in den unüberlegten Plan ihres Gatten eingewilligt habe, bekannte sie offen und freimüthig, daß sie sich nicht einbilde, ihres Mannes Beschlüsse bestimmen oder hindern zu können in den Dingen, die auf Gottes Ehre abzielten, so lange er nicht selbst mit gutem Gewissen sich davon lossagen könne. „Was Gott will", sagte sie, „damit bin ich wohl vergnügt."

Egede's Glaube war bewährt, — darum wurde er auch gekrönt. Er ließ nicht nach mit Bitten um Unterstützung bei den Kaufleuten in Bergen. Bei Einigen fand er endlich Gehör. Er wußte sie zu gewinnen, daß sie bestimmte Beiträge zu einer Expedition nach Grönland versprachen. Der Eine gab 200 Thaler, der Andere 100 Thaler u. s. w. Egede selbst trug 300 Thaler bei. Den Kaufleuten schlossen sich die Geistlichen der Stadt an. In kurzer Zeit war eine Summe von 10,000 Thalern zusammengelegt. Reichte die nun auch noch nicht zur Bestreitung aller Bedürfnisse hin, so glaubte Egede doch jetzt die Sache nicht länger verzögern zu dürfen. Ein Schiff, „die Hoffnung", wurde in Hoffnung auf fernere Hülfe angekauft.

Auch in Kopenhagen hatte man Grönlands nicht vergessen. Am 15. März 1721 kam frohe Nachricht vom

Missionskollegium. — Friedrich IV. hatte seine Einwilligung zu der Expedition nach Grönland gegeben. Egede war zum Missionar in Grönland mit einem jährlichen Gehalt von 300 Thalern ernannt. Außerdem waren ihm zur Ausrüstung noch 200 Thaler bewilligt.

Das unter so vielen Gebeten und Thränen ersehnte Ziel war erreicht. — In wenigen Wochen war Egede zur Reise gerüstet. Am 2. Mai wurde die Schiffsmannschaft, 40 Mann stark, vereidet und an Egede als das Oberhaupt gewiesen. Am folgenden Tage lief "die Hoffnung" aus dem Hafen von Bergen aus. Zwei andere Schiffe, von denen das eine auf den Wallfischfang ging, das andere aber über den Erfolg des Unternehmens Nachricht zurückbringen sollte, begleiteten sie. Ein widriger Wind verzögerte die Reise bis zum 12. Mai. Dann aber trat günstige Witterung ein; am 12. Juni konnten unsere Reisenden die Küste Grönlands erblicken. Aber welch' ein Anblick bot sich ihnen dar! Weit und breit Nichts als Eismassen. Unter vielen Gefahren versuchte man, das Schiff durch dieselben an's Land zu bringen. Es wollte nicht gelingen. — Ein widriger Wind schien das Verderben Egede's und der Seinigen beschleunigen zu wollen. Die Schiffsmannschaft verlor den Muth; selbst Egede zagte. Er meinte, der Herr habe ihn verlassen und wolle nun doch am Ende den Spöttern Recht lassen. Im Gebete zu seinem Herrn suchte er Hülfe. Der Gott, so bat er, der bisher so wunderbar bei seinem Werke gewesen, möge doch auch jetzt seine Ehre retten. — Er selbst mag es erzählen, in welchem Herzenszustande er in dieser Noth gewesen ist. "Ich gedachte: ach, wie hat Gott die Sünde meiner Jugend aufbehalten, daß er sie auf solche Weise strafet! Wie kann es aber seiner göttlichen Barmherzigkeit gemäß sein, daß er die unschuldigen Meinen meine Sünde mit vergelten ließt? — Ich ging darauf in mich und dachte der Wege nach, die Gott mich bisher geführet hatte. Mein Gewissen gab mir das Zeugniß, daß meine Absicht bei diesem Vorhaben vor Gott rein und aufrichtig gewesen, und daß Gott mir auf besondere Weise darin fortgeholfen, konnte ich augenscheinlich sehen. Wie sollte es denn nun geschehen können, daß er mich in dieser Noth verließe? Ich ermahnte den Herrn, er solle seine Ehre retten und meinen Glauben stärken, daß ich bei Rettung aus dieser Gefahr sammt den Uebrigen Anleitung bekäme, seine wunderbare Vorsehung, Gütigkeit und Allmacht zu rühmen und zu preisen. Unter Anderm fiel mir hier zu meinem Troste ein, was sich mit des heiligen Apostels Pauli Schifffahrt zugetragen, als er nach Italien fuhr. Ap. Gesch. 27. Davon machte ich eine Anwendung auf mich, hoffend, es werde auch Gott mir und den Meinigen dieselbe Hülfe und Rettung widerfahren lassen." — Egede's Hoffnung wurde nicht zu Schanden. Gerade als alle menschliche Rettung verloren schien, trat der Herr in's Mittel. Der Wind legte sich. Die Eismassen wichen zurück. Egede athmete mit den Seinigen freier auf. Er sagt, an ihm sei das Wort Pf. 107, 23 recht erfüllt: Die mit Schiffen auf dem Meere fuhren und trieben ihren Handel in großen Wassern, die haben des Herrn Werke erfahren und seine Wunder im Meere. Sie schrieen zum Herrn in ihrer Noth und er führte sie aus ihren Aengsten und stillete das Ungewitter, daß die Wellen sich legten, da wurden sie froh, daß es stille geworden war und er brachte sie zu Lande nach ihrem Wunsch. Am 3. Juli landeten unsere Reisenden an der Insel Imerikfok auf der

Westküste Grönlands. Sie gaben ihr den Namen: „Hoffnungsinsel".

Ehe wir Egede in seine Arbeit begleiten, müssen wir uns wohl einmal das Land und Volk Grönlands etwas besehen.*)

Grönland gehört zu Amerika. Im höchsten Norden dieses Welttheils findest du es auf der Charte verzeichnet. Von seiner südlichsten Spitze Staatenhuk erstreckt es sich in immer zunehmender Breite bis in die eisigen Regionen, wohin nie der Fuß eines Reisenden gedrungen ist. Es ist das ein rechtes Schneeland. Den Namen Grönland hat ihm die List eines isländischen Freibeuters, Erich der Rothe oder Erich Raude genannt, gegeben. Der war nämlich von seiner Geburtsinsel verbannt worden. Er steuerte dem Eislande zu, dem er, um andere hinzulocken, den Namen Grönland gab. Erich's Aufenthalt in Grönland fällt in das letzte Viertel des zehnten Jahrhunderts. Sein Sohn Leif zog um das Jahr 1000 nach Norwegen hinüber. — Der christliche König dieses Landes, Oluf Tryggvesön, vermochte ihn dahin, daß er sich taufen ließ. Wohl ein halbes Jahr hielt sich Leif in Norwegen auf. Als er darauf nach Grönland zurückkehrte, gab ihm der norwegische König einen Priester mit und andere geweihete Männer, welche das Bekehrungswerk unter den Bewohnern Grönlands treiben sollten.

Wiewohl Erich der Rothe mit der Ankunft der Fremden nicht sehr zufrieden war, so that Leif doch nach

---

*) Eine sehr ausführliche Darstellung über Land, Volk und Geschichte Grönlands giebt David Kranz, Historie von Grönland. B. I. S. 1—357.

dem Wunsche des norwegischen Königs. Die Grönländer wurden getauft, selbst Erich nahm die Taufe an. Aber das Christenthum dieser Getauften war nicht mehr, als ein Namenchristenthum.

Im eilften Jahrhundert wanderten große Haufen von Isländern und Norwegern nach Grönland. Sie bekannten sich bereits zum Christenthum. Es entstanden christliche Dörfer; es wurden christliche Kirchen gebaut. Ihre Zahl soll sich auf 300 belaufen haben.

Im Jahre 1112 berief Leif's Enkel, Sok, eine große Volksversammlung nach Brattahlid. Sok stellte vor, daß sie wie andere christliche Völker sich einen Bischof wählen müßten, dem die Aufsicht über die Kirchen anvertraut werden könne. Die Versammlung ging auf den Vorschlag ein. Sie einigte sich dahin, Sok's Sohn mit Geschenken an König Sigurd von Norwegen zu senden und dem die Wahl eines grönländischen Bischofs zu überlassen. Sigurd wählte den Priester Arnold, der seinen bischöflichen Sitz in Garder aufschlug (1125). Die Reihe der Bischöfe Grönlands führt ein alter Geschichtschreiber bis in das vierzehnte Jahrhundert fort; allein von ihnen ist uns kaum wenig mehr als der Name bekannt. Ihr Einfluß auf das Volk scheint nicht von großem Belange gewesen zu sein. —

Als Grönland seit 1261 die Oberherrschaft des norwegischen Königs hatte anerkennen müssen, dachten die Norweger mehr an den Ertrag des Landes und an seine Steuern, als an die Sorge für das Heil seiner Bewohner.

In der Mitte des vierzehnten Jahrhunderts hört der Verkehr Norwegens mit Grönland auf. Einige meinen, daß die im Jahre 1348 durch Europa ziehende Pest, der

schwarze Tod, daran Schuld sei. Seit 1410 schweigen die
Nachrichten über Grönland. Verschiedene Versuche der folgenden Jahrhunderte, die christlichen Kolonien wiederzufinden,
blieben fruchtlos.

Von allen diesen Geschichten hatte Egede in Bergen
gelesen. Sie hatten in ihm die Sehnsucht erweckt, seine
verlassenen Brüder in Grönland aufzusuchen. Aber welch'
ein ganz anderes Volk, als er vermuthet hatte, fand er in
dem fremden Lande!*)

Die Bewohner Grönlands gehören zu den Eskimo's,
welche einen großen Theil der Nordpolarländer einnehmen.
Ihren Namen sollen sie von der Sitte, das Fleisch oft roh
zu essen, erhalten haben; denn Eskimantik bedeutet, „rohes
Fleisch essen." Von den fünf Hauptnationen der Eskimo's
sind die Grönländer die östlichste.**) Von den Isländern
werden sie „Skrällinger" genannt; sie mögen diesen Namen
wegen ihrer kleinen Gestalt bekommen haben. Die Grönländer selbst aber nennen sich Innuit, d. i. Menschen oder
Einwohner. Alle übrigen Völker nennen sie mit Verachtung
Kablunät, d. i. Ausländer. Schon der Name, den sie sich
gegeben, zeigt, daß sie sehr von sich eingenommen sind.

---

*) Die Abkömmlinge jener isländischen und norwegischen Ansiedler
sind entweder von dem schwarzen Tode hingerafft, oder durch
die wilden Einwanderer aus Amerika ausgerottet.

**) Die andern vier Hauptnationen der Eskimo's sind: 1) die
südlichen, welche in Labrador wohnen; 2) die westlichen, von
der Hudsonsbai bis gegen die Behringsstraße hin wohnend;
3) die Aleuten, auf der Halbinsel Alaschka und den aleutischen
Inseln; 4) die Tschuktschen, besonders auf der nördlichsten
Halbinsel Amerika's bei Prinz-Wales-Kap und an der Nordküste von Kamschatka in Asien.

Wenn ein Europäer ihnen gefällt, so sagen sie: er fängt
an, ein Innuit zu werden.*) Die Grönländer sind ein sehr
kleiner Menschenschlag. Sie werden kaum fünf Fuß groß.

---

*) Freilich hatten die Grönländer zu solcher Rede ein Recht, wenn
sie ihr Leben mit dem Leben der Europäer verglichen, welche
sie in den Matrosen kennen lernten. Wir haben schon mehrere
Male darauf hingewiesen, welch' eine große Schuld die Europäischen Christen auf sich geladen, die durch ihre Sünde den
Christennamen den Heiden zum Spott und Ekel gemacht haben.
Vgl. Ev. Missionsgesch. I., 1. S. 31. ff.; 2. S. 37. ff.; 5.
S. 32. 66; II., L S. 51. Auch der grönländischen Mission
fehlt es nicht an solchen von getauften Europäern errichteten
Bollwerken des Heidenthums. Höre einmal, was ein Grönländer im Jahre 1756 an Hans Egede's Sohn, Paul,
geschrieben hat. „Hast du wohl," so schreibt der Grönländer,
„je so viel Böses unter unsern Leuten gesehen? Eure Lehrer
belehren uns, daß wir den Teufel fliehen sollen, und die Matrosen beten mit großem Ernst, daß der Teufel sie holen möge.
Hätte ich nicht solche Fromme unter Euren Leuten gekannt,
wie Hans Egede, nimmer hätte ich gewünscht, sie zu sehen,
damit sie nicht unser Volk verderben. Meine Landsleute haben
von Dir und den Deinen, weil Ihr so gut seid, geglaubt, daß
Ihr in unserm Lande müßtet erzogen sein. Euer Volk weiß,
daß es einen Schöpfer und Erhalter aller Dinge giebt, daß
die Menschen nach diesem Leben, je nach ihren Werken, Selig=
keit oder Unseligkeit empfangen; und doch leben sie, als ob es
ihnen befohlen wäre, böse zu sein, als ob es ihre Ehre und
ihr Vortheil sei, zu sündigen. Meine Landsleute hingegen wissen
nicht, weder daß ein Gott, noch daß ein Teufel ist, glauben
weder an Belohnung, noch an Strafe nach diesem Leben, und
doch leben sie unsträflich, gehen miteinander friedlich und liebe=
voll um, theilen gerne mit. Kann man sich wohl wundern,
daß unser Lustigmacher Oloko den Vorschlag machte, Angekols
nach Europa zu schicken, um die Leute dort zu guten Sitten
zu belehren, so wie Euer König Priester gesandt hat, um uns

Ihr Gesicht ist breit und platt; ihre Backen hervorstehend, ihre kleinen schwarzen Augen ohne allen Ausdruck. Die Farbe ihres fleischigten und blutreichen Körpers ist dunkelgrau oder gelblich, die des Gesichts meist braun. Die mag wohl im Laufe der Zeit durch ihren Schmutz so geworden sein; denn vom Waschen des Körpers hält der Grönländer nicht viel. Dagegen liebt er's, in dem Dunste der Thranlampen, die beständig in seiner Wohnung brennen, fast nackt zu sitzen und da sich an in Thran gekochtem Seehundsspeck zu erquicken. Geht der Grönländer seinen Lieblingsbeschäftigungen, der Jagd und Fischerei nach, so trägt er Kleider von Renuthier-, Seehund- und Vogelfellen. Die Kleidung der Frauen ist von der der Männer wenig verschieden. Die Mütter tragen einen Pelz, der auf dem Rücken so weit ist, daß sie ihre Kinder hineinlegen können.

Die Grönländer bewohnen während des Winters kleine Hütten. Sie sind kaum so hoch, daß man in ihnen aufrecht stehen kann. An steilen Felsen schlagen sie sie am liebsten auf, damit sie vor dem Schneewasser geschützt sind. Ihre Bauart ist sehr einfach. Es werden dicke Steine auf einander gelegt, dazwischen Erde und Rasen. Auf dieser Mauer ruht der Länge des Hauses nach ein von mehreren Pfosten gestützter Balken. Auf diesem ruht das Dach. Es besteht aus kleinem Holze, Rasen und Erde. Die innern Wände werden mit abgenutzten Fellen bekleidet, damit keine Feuchtigkeit durchdringe. Eine Thür kennt der Grönländer

---

zu bekehren? — Doch ich will davon nichts mit unsern Landsleuten reden, sonst könnten die gesonnen werden, wie Kaus, der deshalb nicht ein Christ werden wollte, damit er nicht den schlechten Matrosen ähnlich werden möchte." Vgl. Rudelbach, Christl. Biographie I. S. 407.

nicht. Den Eingang bildet ein von Stein und Erde aufgeführter, gewölbter Gang, der so niedrig ist, daß man auf Händen und Füßen in das Haus kriechen muß. Durch denselben wird der Wind und die Kälte von dem Innern des Hauses abgehalten.

Wenn man durch den Gang in die Wohnung selbst gelangt ist, so sieht man an der gegenüberliegenden Seite des Hauses eine große Pritsche von Brettern. Verschiedene Abtheilungen derselben bilden die Wohnung für je eine Familie, deren oft vier, zuweilen sogar zehn eine Hütte bewohnen. An der Seite des Hauses, an welcher sich der Eingang befindet, sind etliche Oeffnungen anstatt der Fenster angebracht. Sauber und dicht an einander genähte Seehundsdärme ersetzen das mangelnde Glas. Unter diesen Oeffnungen steht eine Bank, die für die Fremden bestimmt ist. An jedem Pfosten befindet sich eine Feuerstelle. Es ist das ein mit Steinen belegtes Stück Holz, auf welchem die stets brennende Thranlampe steht. Ueber derselben hängt der aus Weichstein gehauene Kessel, in welchem die Speisen gekocht werden. So viel Familien in einem Hause wohnen, so viel Thranlampen brennen darin. Ihr Dunst macht dem Fremden den Aufenthalt in einem grönländischen Hause unleidlich. Mancher Europäer ist, wenn er zum ersten Male eine solche Wohnung betrat, auf der Stelle wieder umgekehrt. — Wenn der Sommer naht, verlassen die Grönländer unter großem Jubel ihre Winterhütten. Die bleiben bis zum September leer stehen. Im Sommer wohnen sie in Zelter von Seehundsfellen.

Die Grönländer lieben ein unthätiges Leben. Jagd und Fischerei sind ihre Hauptbeschäftigungen; denn der sehr unergiebige Boden giebt ihnen nicht hinreichende Nahrung.

Seehunde, Rennthiere, Fische und Seevögel sind ihre Hauptspeise. Haben sie Ueberfluß, so ist des Schmausens kein Ende; um den nächsten Tag kümmern sie sich nicht. Haben sie nur so viel Speisen, als sie essen können, und Felle genug, um sich gegen die Kälte zu verwahren, so sind sie vergnügt. Wenn's die Noth gebietet, so kommt's ihnen aber auch gar nicht darauf an, etliche Tage zu hungern. Ein Missionar, der eines Abends bei einem vierten Schmause an demselben Tage zugegen war, sprach sein Erstaunen über den unersättlichen Appetit der Grönländer aus. „Aber," fragte er, „wie könnt ihr denn so viel auf einmal essen? und ihr eßt ja, als wäret ihr noch hungrig?" Die Antwort war: „Wir können viel essen, und wir können viel hungern, wie sich's trifft." — „Da fühle, Priester," sagte ein Mann, indem er seinen Bauch vorstreckte, „jetzt ist er wie ein gespanntes Trommelfell, aber er kann vielleicht bald wieder schlaff werden, wie eine zusammengelegte Blase."

Außer den häuslichen Arbeiten liegt den Frauen auch der Bau der Häuser und Zelte ob. Die Männer befassen sich nur mit der Anfertigung ihres Jagd- und Fischergeräthes. Dazu gehört unter Anderm ein kleines leichtes Boot, Kajak, mit welchem der Grönländer wohl 10 bis 12 Meilen an einem Tage zurücklegen kann. Frühzeitig übt sich der grönländische Knabe im Fahren mit dem Kajak. Daher kommt ihre Geschicklichkeit, mit welcher sie dasselbe zu rudern verstehen.*)

---

*) Eine andere Art Boot ist das sogenannte Weiberboot, Umiak genannt. Dasselbe wird von Weibern gerudert und dient bei ihrer umherstreifenden Lebensweise zur Fortschaffung der Familie und ihrer Habe.

Häuptlinge und Fürsten giebt es bei ihnen nicht. Jeder Hausvater regiert seine Familie. Die Eltern haben eine innige Liebe zu den Kindern, und die Kinder zu den Eltern. Selten thut ein Kind wider den Willen seiner Eltern.

Ein charakteristischer Zug der Grönländer ist ihre Gemüthlichkeit. Kommt einmal Zwietracht vor, so wird die durch besondere hergebrachte Gebräuche ausgeglichen. Ein solches Einigungsmittel ist der sogenannte Singestreit. Ist Jemand beleidigt, so fordert er seinen Beleidiger zu demselben auf. Die beiden Partheien singen auf einander höhnende Lieder. Wer das letzte Wort behält, auf wessen Seite die meisten Lacher sind, der ist Sieger. An Feindschaft wird dann nicht mehr gedacht. — Furchtbar ist die Rache, welche der Grönländer an einem Mörder nimmt. Der Verwandte eines Gemordeten ist verpflichtet, ihn bei passender Gelegenheit zu rächen. Zwanzig, dreißig Jahre können darüber vergehen, seine Rachgier aber verläßt ihn nicht. Kömmt sie zum Ausbruch, so wüthet sie auf grausenerregende Weise. —

Die Religion des grönländischen Heidenthums ist voll dunkler Begriffe. Man hat lange gemeint, die Grönländer hätten gar keine Religion. Götzentempel und Bilder findet man bei ihnen zwar nicht, aber man gewahrt doch auch bei ihnen eine Spur von Glauben an höhere Wesen. Sie glauben an zwei große Geister, und an viele kleinere Geister, welche die Elemente beherrschen. Der eine große Geist ist ein guter Geist. Sie nennen ihn Torngarsuk, d. i. der große Geist. Der andere große Geist ist ein böser Geist. Für den haben sie keinen Namen. Sie bekümmern sich überhaupt nicht viel um diese ihre Geister. Von ihrer

Verehrung findet man keine Spur. Sie meinen, es sei genug, wenn ihre Priester, Angekoks (Zauberer, Wahrsager), sich damit befassen. Diese Angekoks sagen, sie hätten von dem großen Geiste Torngarsuk einen Geist empfangen, der ihnen alle Weisheit eingebe. Auf welche Weise das geschieht, davon erzählen sie sich wunderliche Dinge. Beim Volke stehen die Angekoks in sehr großer Achtung. Sie müssen die Kranken heilen, sie müssen die Zukunft vorhersagen, sie müssen herannahende Gefahren durch ihre Zaubereien abwehren. Da die Erde nach der Meinung der Grönländer auf Stützen ruht, die schon alt und morsch seien, so müssen die Angekoks dieselben ausbessern, damit die Welt nicht untergeht. — Den Glauben an die Fortdauer der Seele nach dem Tode findet man auch in Grönland. Die Seligkeit der Gestorbenen besteht in einem Ueberflusse von Vögeln, Fischen, Seehunden und Rennthieren. Wenn das Nordlicht mit seinen Strahlen den Himmel vergoldet, so spielen die Seelen der Abgeschiedenen im seligen Lande Ball. „Wenn aber," so sagte einer ihrer Weisen zu Paul Egede, „alle Menschen gestorben sind, dann wird eine große Fluth die Erde überschwemmen und das Blut der Todten reinigen, und wenn Berge, Erde und Steine aufgelöst und geschieden und abgewaschen sind, dann wird ein Wind wehen und darauf Alles eine herrliche Gestalt annehmen. Die höchsten Felsen und Berge werden ebenes und flaches Land, mit Rennthieren bedeckt. Die Kinder der Seehunde leben wieder auf, und der dort oben (auf den Himmel zeigend) wird die todten Menschen anblasen, die Männer einmal und die Weiber zweimal, und sie werden Alle wieder lebendig werden." —

Einzelne fühlen, daß es mit diesem Glauben doch nicht

richtig sei. Diese Ahnungen mögen die letzten verkümmerten Reste von den Offenbarungen Gottes sein, von benen der Apostel Paulus Röm. 1, 19. redet. — Es waren einmal mehrere getaufte Grönländer versammelt. Einer von ihnen sprach seine Verwunderung darüber aus, wie sie früher so unverständig und ohne Nachdenken hätten dahin leben können. Darauf erwiederte einer: „Es ist wahr, wir sind unwissende Heiden gewesen, und haben Nichts von Gott und einem Heilande gewußt. Wer hätte es uns sagen sollen, ehe ihr gekommen seid? Du mußt aber nicht glauben, daß kein Grönländer darüber nachdenkt. Ich habe oft gedacht, ein Kajak mit den dazu gehörigen Pfeilen entsteht nicht von selbst, sondern muß mit Mühe und Geschicklichkeit von Menschenhänden gemacht werden; und wer es nicht versteht, verdirbt leicht etwas daran. Nun ist der geringste Vogel viel künstlicher als der beste Kajak, und Niemand kann einen machen. Der Mensch ist noch weit künstlicher und geschickter als alle Thiere. Wer hat ihn gemacht? Er kommt von seinen Eltern her, und diese wieder von ihren Eltern. Aber wo kommen denn die ersten Menschen her? Sie sollen aus der Erde gewachsen sein. Aber warum wachsen denn nun nicht mehr Menschen aus der Erde? und woher ist denn die Erde, das Meer, Sonne, Mond und Sterne entstanden? Nothwendig muß Jemand sein, der das Alles gemacht hat, der immer gewesen ist und nicht aufhören kann. Derselbe muß unendlich viel mächtiger, geschickter und weiser sein, als der klügste Mensch: er muß auch sehr gut sein, weil Alles, was er gemacht hat, so gut und uns so nützlich und nöthig ist. Ja, wenn ich den kennte, den wollte ich recht lieben und in Ehren halten. Aber wer hat ihn gesehen und gesprochen? Niemand von uns Menschen. Es kann aber doch Menschen geben, die etwas von ihm wissen; die möchte ich gern sprechen. Sobald ich also von euch zum ersten Male von dem großen Wesen gehört habe, so habe ich es gleich und gern geglaubt, weil ich so lange darnach verlangt hatte."

Das ist das Volk, welches Egede bei seiner Ankunft in Grönland gefunden hat. Als er einige Eingeborene bei seiner Landung sah, erkannte er sogleich, daß sie ein tief versunkenes und verkommenes Geschlecht seien. „Ihr erster Anblick," sagt er, „kam mir so elend vor, wie sie auch in der That elend und bemitleidenswerthe Menschen waren; denn was ist wohl elender, als wenn man keine Erkenntniß von Gott hat, und von dem, was von Gott ist, weit entfernt ist? Diese Betrachtung, sie in solchem elenden Zustande zu sehen, machte mich ganz betrübt, zumal da ich nicht im Stande war, ihnen vom Elend abzuhelfen. Nichts konnte ich weiter thun, als für sie und für mich zugleich zu seufzen; für sie, daß Gott aus Gnade und Barmherzigkeit sie zu seiner Zeit von ihrer großen Finsterniß befreien wolle, und für mich selber, daß er mich Unwürdigen zu einem tüchtigen Werkzeuge machen wolle, seine Ehre unter diesen armen Menschen auszubreiten und mir dazu die erforderliche Tüchtigkeit und Geschicklichkeit verleihen." —

Zweites Kapitel.

H. Egede's Wirksamkeit in Grönland bis zum Jahre 1730.

> Wenn ich mitten in der Angst wandle, so erquickst du mich und streckst deine Hand über den Zorn meiner Feinde und hilfst mir mit deiner Rechten. Der Herr wird es ein Ende machen um meinetwillen. Herr, deine Güte ist ewig. Das Werk deiner Hände wollest du nicht lassen.
>
> Psalm 138, 7. 8.

Als Egede das Land seiner Sehnsucht betreten hatte, traf er sogleich Vorkehrungen zu einer Niederlassung. Am 8. Juli 1721 begann er in des Herrn Namen den Bau eines Hauses aus Stein und Torf. Schaarenweise kamen die Grönländer herbei, sich die Arbeiten anzusehen. Sie wußten nicht, was sie aus den Ankömmlingen machen sollten. Zuerst meinten sie, ein Schiff sollte gezimmert werden. Als sie aber die Absicht der Fremdlinge gewahr wurden, schienen sie darüber gerade nicht sehr erfreut zu sein. Sie gaben dem Egede deutlich genug zu verstehen, daß er sich mit seinen Begleitern nur wieder entfernen möchte. Am 31. August war das erste Haus auf der Hoffnungsinsel fertig. Egede weihete es durch einen Gottesdienst ein. Ueber Psalm 117 hielt er seine Dankpredigt.

Egede hatte nun vollauf zu thun. Vor Allem war ihm daran gelegen, seine neue Heimath näher kennen zu lernen. Er stellte deshalb eine Untersuchungsreise an. Er theilte sein Schiffsvolk in zwei Theile. Der eine sollte sich auf der See umsehen und dabei zugleich auf den Fischfang ausgehen. Der andere sollte in's Land hinein auf die Jagd ausgehen. Egede ging mit dem Letzteren. Er traf auf diesem Ausfluge eine Menge Grönländer, die eben im Begriffe waren, ihre Winterwohnungen einzurichten. Aber sobald die der Fremden ansichtig wurden, zogen sie furchtsam und unwillig mit ihrer Habe weiter in's Innere des Landes. So war es ihm unmöglich, mit ihnen in irgend eine Berührung zu kommen.

Gleich nach seiner Rückkehr nach der Hoffnungsinsel hatte er viele Anfechtungen durchzumachen. Der versuchte Fischfang hatte nicht viel eingebracht; auch die Jagd war nicht sehr ergiebig gewesen. Das Schiffsvolk war unzufrieden und murrte, da es keine Aussicht auf Nahrungsmittel hatte. Egede stand unter dem unzufriedenen Volke mit seiner Gattin fest im Glauben an die Hülfe des Allmächtigen. Er betete in dieser Zeit viel zum Herrn. Und er hat's erfahren, daß der Herr ihn und das Werk seiner Hände nicht verlassen wolle.

Am Ende dieses Jahres kamen Egede's Leute mit den Grönländern auf eigene Weise in nähere Berührung. Es waren einige von ihnen an das Festland auf die Jagd gegangen. Da mit dem Hin- und Herfahren von und nach der Hoffnungsinsel viel Zeit verloren ging, so hatte ihnen Egede den Auftrag gegeben, in den von den Eingebornen verlassenen Hütten ein Unterkommen für die Nacht zu suchen. Wie groß aber war das Erstaunen der Europäer, als sie die ihrer Meinung nach verlassenen Hütten von Grönländern bewohnt fanden! An 150 Eskimo mochten wohl beisammen sein. Unsere Jäger waren über diese Entdeckung gerade nicht vergnügt. Sie wären gern sogleich nach der Hoffnungsinsel zurückgekehrt. Aber die Nacht war bereits hereingebrochen, und da mußten sie sich denn schon bequemen, die Grönländer um ein Nachtquartier zu bitten. Die wollten sich anfangs auf die Bitte der unwillkommenen Gäste nicht einlassen; sie zeigten vielmehr einen großen Unwillen über den unzeitigen Besuch. Als sie aber sahen, wie sehr die Fremden von dem Froste zu leiden hatten, räumten sie ihnen ein kleines Haus ein. Da sitzen denn nun unsere europäischen Jäger unter einem grönländischen Dache. Ruhe haben sie nicht viel genossen, sie wurden von Angst und Furcht gequält. Aber es ist die Frage, wer sich am meisten gefürchtet hat, die Europäer vor den Grönländern, oder diese vor den Europäern. Wenigstens wurden diese die ganze Nacht hindurch bewacht; und als der Morgen graute, wurden sie von ihren Gastfreunden geweckt, mit dem Bemerken, daß es jetzt Zeit zum Abzuge sei. Aber der Wind weht heftig und kalt. Es ist den Fremden unmöglich, die Hoffnungsinsel zu erreichen. Die Grönländer sehen das ein, und so verstehen sie sich in ihrer Gutmüthigkeit dazu, auf längere Zeit ihre Gäste zu behalten. Nach drei Tagen konnten sie erst zu Egede zurückkehren.

Dieser Besuch war für den Fortgang der Mission von großem Gewinne. Die Grönländer faßten nach und nach ein Vertrauen zu den Fremden, so daß sie selbst wohl einmal nach der Hoffnungsinsel herüberkamen. Egede fühlte dann recht lebhaft, wie sehr seine Unkenntniß der grönländischen Sprache seine Wirksamkeit lähme. Er mußte, wie er sagt, „wegen der mangelnden Sprachfertigkeit ganz leise mit den Grönländern stammeln und ihnen durch Zeichen einigen Eindruck von Gott in's Herz zu geben suchen."

Egede's Liebe ersann verschiedene Mittel, um eine Kenntniß der Sprache zu gewinnen. Er hatte sich das Wort Kina d. i. was heißt das? gemerkt. Kam nun ein Grönländer zu ihm, so fragte er nach dem Namen der Gegenstände. Die grönländische Benennung suchte er sodann durch Buchstaben auszudrücken. Er legte ferner den Grönländern bildliche Darstellungen vor, um durch sie Begriffe hervorzurufen und zu erhalten. Er sagt darüber: "Sintemal diese Menschen allem Gottesdienst fremd sind, und ich nicht Worte in ihrer Sprache zu finden vermag, mittelst welcher die wesentlichen Geheimnisse unseres Glaubens ihnen erklärt werden könnten, so muß man für's Erste solche Wörter aus unserer Sprache dazu entlehnen, welche durch Zeichen und Bilder weiter erklärt werden können, bis sie den Sinn davon einigermaßen fassen."

Allein das Alles war noch nicht genug. Egede sah das auch ein. "Ich kenne keinen andern Weg," sagt er, "zu rechter Erfahrung in ihrer Sprache zu gelangen, als durch einen fortgesetzten beständigen Umgang mit ihnen." Darum dachte er daran, eine stete Verbindung mit den Grönländern zu unterhalten. Der Weg dazu war durch jenen Besuch seiner Leute vorbereitet. Einer von ihnen, Aron, hatte sich während seines dreitägigen Aufenthaltes in der grönländischen Hütte die Liebe und Freundschaft des Eingebornen Arok zu erwerben gewußt. Diesen Umstand benutzte Egede. Er brachte den Aron zu dem Entschlusse, daß er sich auf längere Zeit unter die Grönländer begeben wolle, während welcher er besonders auf ihre Sprache merken solle. Am 21. Januar brachte ihn Egede unter die Eingebornen. Es war das erste Mal, daß er eine grönländische Hütte betreten konnte. Früher hatten sich die Einwohner davongemacht; das war schon eine Frucht der Freundschaft Arons und Aroks, daß sie jetzt Fremde bei sich duldeten. Dem Egede war es in der grönländischen Wohnung nicht wohl. Am folgenden Morgen machte er sich wieder nach der Hoffnungsinsel auf, während er den Grönländern seinen Aron zurückließ. Die bedeuteten ihm zwar, es sei ihnen lieb, wenn er den Aron mitnehme, allein Egede that, als ob er sie nicht verstehe, und fuhr von dannen. So mußten sie dem Aron wohl für einige Zeit eine Herberge gönnen. Am 5. März besuchte Egede ihn wieder. Er fand ihn wohlbehalten, wenn er auch während der sechs Wochen Manches durchzumachen gehabt hatte. Die Grönländer aber baten den Egede, sie doch dieses Mal von dem ungebetenen Gaste zu befreien. Darauf konnte er sich aber nicht einlassen; er ließ vielmehr noch einen zweiten von seinen Leuten zurück. — Bis in die Frühlingszeit, in welcher die Winterwohnungen verlassen werden, blieb Aron mit seinem Gefährten der Gast der Eingebornen.

Egede ging selbst mit seinen Kindern viel unter die Grönländer, um auf ihre Sprache zu achten. Man kam ihm im Allgemeinen mit Achtung und Ehrfurcht entgegen. Auch die Angekoks meinten, daß man sich von dem fremden Priester nichts Böses zu versehen habe. Sie hatten zu verschiedenen Malen ihre Zauberkünste angewendet, um ihn aus dem Lande zu vertreiben. Da aber Alles Nichts half, so sagten sie, Egede selbst sei ein großer Angekok, der nur in guter Absicht gekommen sei. Damit waren die Eingebornen wohl zufrieden; sie faßten Vertrauen zu dem Fremden.

Egede's Hoffnung auf gesegneten Erfolg seiner Arbeit stieg. Doch wie bald sollte sie wieder darniederliegen!

Gegen das Ende des ersten Jahres der Mission verlor das Schiffsvolk die Geduld. Das von Norwegen erwartete Schiff blieb aus. Der Proviant war so ziemlich verzehrt; auf den Ertrag der Jagd und Fischerei war gar nicht zu rechnen. Auch der Handel mit den Grönländern wollte nicht recht gehen. Da war denn auf der Insel des Klagens und Murrens kein Ende.

Egede wartete von Tage zu Tage auf Hülfe von der Heimath. Aber sie kam nicht. Er berief sein Schiffsvolk zu einer Berathung. Die Schiffsleute erklärten, nur so lange auf der Insel bleiben zu wollen, als der für die Rückreise nöthige Mundvorrath vorhanden sei. Egede war über diesen Entschluß bekümmert. Der sonst so ruhige Mann wurde verzagt. Sein treues Weib mußte ihn wieder stärken und aufrichten. Sie einigte sich mit ihrem Manne dahin, so lange als möglich in Grönland auszuhalten. Den Beiden schlossen sich noch sechs von der Mannschaft an, die sich zum Bleiben verstanden. Freilich konnte Egede sich nicht auf ihr Versprechen verlassen. Von den Uebrigen aufgereizt, beschlossen sie im Stillen, falls im Frühjahre kein Schiff mit Hülfe komme, auf einem holländischen Schiffe nach Europa zurückzufahren und den Prediger mit den Seinen im Stich zu lassen. — Egede hielt nochmals einen Rath mit seinen Leuten. Nur noch 14 Tage wurden bewilligt. Nach Ablauf dieser Frist sollte die Rückreise angetreten werden. Egede war wie geschlagen. Furcht und Hoffnung rangen in seinem Herzen miteinander. Hätte er in dieser Zeit nicht seine heldenmüthige Frau gehabt, er wäre fast zu Schanden geworden.

Unter den zur Rückkehr Entschlossenen war jetzt eine große Bewegung. Alles war geschäftig, die Güter der bergen-grönländischen Handels-Gesellschaft einzupacken. Egede's Frau allein war unthätig. Sie erklärte in freudigem Glauben den Leuten, ihre Arbeit sei doch vergeblich. Gott werde ihren Unglauben beschämen, daß sie das, was sie jetzt einpackten, schon wieder auspacken müßten. Und der Herr beschämte den Glauben der Frau nicht.

Die bewilligten 14 Tage neigten sich ihrem Ende. Alles war zur Abreise gerüstet. In großer Bekümmerniß legt sich Egede am 27. Juni mit den Seinigen zur Ruhe. Doch horch, — plötzlich hört man ein Klopfen an der Thür. Die Nachricht von einem nahenden Schiffe bringt dem Verzagten neuen Muth. Drei norwegische Schiffe steuerten auf die Hoffnungsinsel zu. Sie hatten den rechten Weg verfehlt, sonst wären sie schon seit acht Tagen bei Egede gewesen. Ihm wäre dadurch mancher Schmerz erspart worden. Aber das Alles vergißt er, die Hülfe in der Noth ist da. Darum ist er voller Freuden. Besonders erquicklich war unserm Glaubensboten ein Brief vom Missionskollegium in Kopenhagen. Darin stand die frohe Nachricht, daß König Friedrich IV. die Mission in Grönland nicht aufgeben, sondern sie vielmehr mit Kraft und Nachdruck unterstützen und fortsetzen wolle.

Egede ließ nun das erste Schiff mit der unzufriedenen Mannschaft absegeln. Mit den Angekommenen aber stellte er eine Untersuchungsreise nach dem Festlande an. Er wollte sich einmal umsehen, ob sich nicht ein günstiger Ort zur Anlegung einer dänischen Kolonie finden lasse. Die Grönländer kamen auf die Nachricht von seiner Anwesenheit in Schaaren herbei, dem neuen großen Angekok ihre Liebe und Achtung zu bezeugen. Sie brachten ihm ihre Kranken, damit er sie heilen möchte. Als unserem Egede das bei

Einigen gelang, wachs die Ehrfurcht der Eingebornen noch mehr. Neben der leiblichen Hülfe vergaß Egede nicht die Hauptsache. Er wies die Heiden, so viel er vermochte, auf den großen Schöpfer des Himmels und der Erde hin. Lassen wir darüber ihn selbst Einiges erzählen: „Unter den Grönländern saß eine Frau mit ihrem Kinde, ohngefähr 3 bis 4 Jahre alt, auf dem Schooße, welches sehr krank war. Der Vater, welcher dabei saß, war nebst der Mutter sehr betrübt, weil sie fürchteten, das Kind möchte sterben. Sie baten mich, ich möchte die Hand auf dasselbe legen und es anblasen, so hofften sie, es würde besser mit ihm werden. Ihr Begehren kam mir sehr wunderlich vor, ungewiß, ob ich mit gutem Gewissen demselben ein Genüge thun könnte. Der Vater kam darauf zu mir mit einem Stück Speck und einem Stück Horn von einem Einhorn, und wollte es mir schenken. Ich antwortete ihm, ich wollte nichts von ihm haben, und bedeutete ihm, so gut als ich konnte, daß sie den Schöpfer des Himmels anrufen sollten, denn er allein wäre mächtig, ihr Kind gesund zu machen. Wie er aber allezeit dabei blieb und bat, ich möchte sein Kind anblasen, mußte ich endlich solches thun, und wünschte herzlich, Gott möge ihm helfen und sich seiner erbarmen. Da nun dieses geschehen, bat mich derselbe Mann, ich möchte ihm folgen zu eines Mannes Hütte, welche weiter im Felde hinein stand; ich ging auch mit ihm, und als ich dahin kam, lag ein armer Mensch auf dem Grase und sah über seinen ganzen Leib sehr schabicht aus, gleich als wenn er aussätzig wäre. Dieser bat mich auch, ihm zu helfen, ich gab ihm auch, so gut ich konnte, zu verstehen, daß der große Gott im Himmel, welcher alle Dinge geschaffen, allein mächtig wäre, ihm zu helfen, daher sollte er seine Hände gen Himmel heben und ihn bitten, daß er ihn gesund mache. Er that auch, wie ich ihm sagte und bedeutete, hob er seine Hände auf und sah gen Himmel; gleichwohl aber bat er mich auch, auf ihn zu blasen. Ich that es sehr ungern, allein wegen ihrer Einfältigkeit mußte ich mich dazu bequemen, indem ich Alles Gott und seiner unendlichen Barmherzigkeit überließ." — Egede fand auf dieser Reise keinen passenden Ort zu einer Niederlassung. Aber es kam ihm auf derselben ein Gedanke, der für den Fortgang der Mission wichtig geworden ist.

Es war ihm nämlich wieder klar geworden, daß er der grönländischen Sprache durchaus nicht so mächtig sei, um mit den Eingeborenen auf die gewünschte Weise verkehren zu können. Darum entschloß er sich, einmal ganz unter den Grönländern zu leben. Er verließ mit seinen beiden Söhnen die Hoffnungsinsel und suchte sich in den Hütten der Grönländer ein Unterkommen. Acht Tage hielt er das Grönländerleben aus. Aber da behagte es ihm nicht länger. Er kehrte nach der Hoffnungsinsel zurück. Um seinen Zweck zu erreichen, verstand er sich dazu, einige Grönländer in sein Haus aufzunehmen. Zwei grönländische Knaben fanden sich bereit. Sie sollten Egede's Lehrer in der Muttersprache werden; Egede hingegen wollte sie im Lesen und Christenthum unterrichten. Egede war ein ausharrender und fleißiger Schüler. Aber die beiden Knaben waren das nicht. Im Anfange ging's gut mit ihnen. Für jeden neuen Buchstaben, den sie gelernt hatten, bekamen sie eine Fischangel. Dadurch wurden sie aufgemuntert; gegen das Ende des Jahres 1722 kannten sie sämmtliche Buchstaben. Aber das genügte dem Egede nicht. „Damit die Kinder das Vorgetragene besser behalten und demselben nachdenken möchten," sollten sie nun auch das Lesen lernen. Den Knaben wollte das durchaus nicht gefallen. Sie konnten nicht begreifen, was es nütze, so den ganzen Tag in ein Buch zu sehen und A. B. C. zu rufen. Viel besser sei's doch und angenehmer, im Kajak zu fahren und Seehunde zu erlegen. Um sie in etwa zufrieden zu stellen, mußte ihnen gestattet werden, daß sie nach Belieben die Bücher bei Seite legen und auf die See fahren durften.

Ueber dem Unterricht der beiden Knaben vergaß Egede der andern Heiden nicht. Konnte er sich doch jetzt auch schon der Hülfe seines ältesten Sohnes, Paul, freuen, dem die Grönländer mit inniger Liebe zugethan waren. Die bildlichen Darstellungen aus der biblischen Geschichte von der Hand Paul's fesselten die Aufmerksamkeit der Heiden in hohem Grade; bei ihrer Erklärung wurde ihnen manch' Gotteswort nahe gebracht. Egede selbst ging wöchentlich mehrere Tage unter die Eingeborenen aus. Er lernte durch den steten Umgang mit ihnen die Sprache so weit, daß er einen kleinen Katechismus der christlichen Lehre für sie ausarbeiten konnte. Wenn er von diesen Arbeiten auch noch keine auffallende Früchte sah, so zeigte sich doch ein Fortschritt zum Bessern. Er selbst schreibt darüber: „Bis zu dieser Stunde habe ich keine sonderliche Andacht oder Bewegung bei ihnen vernommen. Doch beginnt nach und nach der Geist und das Licht der Gnade und Wahrheit in ihnen hervorzuschimmern, indem sie bei unsern Gebeten und Gottesdiensten so wie bei der wiederholten eindringlichen Ermahnung von uns mehr Aufmerksamkeit als früher zeigen, und unter Anrufung des Namens Jesu sowohl sich niederlegen, als aufstehen."

Viele fühlten ein Verlangen nach Egede's Unterricht,

von dem sie gehört hatten, daß er den Schöpfer des Himmels und der Erde kennen lehre. Sie suchten ihn jetzt auf; sie baten ihn, bei ihnen zu bleiben. Wie ganz anders hatte sich der Grönländer Sinn und Herz zu dem fremden pellesse (d. i. Priester) gestellt! Der Heidenbote erzählt, daß er einmal im Frühjahre 1723 auf einer Reise nach dem Norden einen Haufen Grönländer getroffen habe, der ihm bisher gänzlich unbekannt gewesen sei. Die Eingebornen aber hatten von ihren Landsleuten viel von ihm erzählen hören. Sie baten ihn dringlichst, daß er ihnen doch auch von dem Schöpfer der Welt sagen möge. Ein Jeder wollte ihn in sein Zelt haben; und wo er eintrat, versammelten sich die Uebrigen vor der Thüre, zu hören, was er ihnen von Gott und dem Himmelreiche sagen könnte.

Dem Egede brachten solche Erfahrungen reiche Erquickung. Er sah in ihnen die Anfänge herrlicher Siege, welche das Evangelium unter seinen Grönländern erkämpfen werde.

Am 19. Juni 1723 traf ein Schiff aus der Heimath ein. Nicht lange nachher folgten diesem noch zwei andere. Das eine brachte dem Egede in Albert Top einen Mitarbeiter im Missionswerke. In Dänemark hatte man beschlossen, in Nepisene eine zweite Colonie anzulegen. Für diese war Top bestimmt. Nachdem er in Egede's Hause die grönländische Sprache erlernt hatte, ging er im Jahre 1724 dahin ab.*) Ein anderes von den angekommenen

---

*) Top verließ mit den Kolonisten im Jahre 1725 Nepisene, weil die Gegend nicht genug Nahrungsmittel bot. Die Kolonie blieb bis zum J. 1729, wo man einen zweiten Versuch zur Niederlassung machte, unbewohnt. — Nach seiner Rückkehr auf die Hoffnungsinsel blieb Top bei Egede, mußte aber nach vier-

Schiffen war von König Friedrich gesandt, um das Land, besonders den östlichen Theil desselben, näher zu erforschen. Egede selbst machte diese Untersuchungsreise mit. Zwar hatte sie nicht den erwünschten Erfolg, da es unmöglich war, sich durch die ungeheuren Eismassen, von denen die Ostküste Grönlands umlagert wird, durchzuarbeiten; aber für den Missionar war sie nicht nutzlos. Er suchte auf ihr eine Verbindung mit den Grönländern anzuknüpfen. Und das wurde ihm nicht schwer. Sobald die Nachricht von seiner Ankunft bekannt geworden war, kamen die Heiden, Männer und Weiber, in großen Schaaren herbei. Sie begleiteten ihn von einem Orte zum andern, voller Freude, aus seinem Munde von göttlichen Dingen hören zu können; denn davon, sagten sie, hätten sie bis jetzt Nichts gehört noch gewußt. Am 14. September war Egede wieder bei den Seinen.*)

Dieser Reise folgten in den Jahren 1723 und 1724 noch zwei andere nach dem Norden. Die letztere war besonders reich an erfreulichen Erfahrungen. „Ich kann in Wahrheit bezeugen," sagt Egede, „daß ich jetzt größeren Ernst und Aufmerksamkeit bei Alten und Jungen verspüre, — weit mehr, als man in solcher Unvollkommenheit von beiden Seiten erwarten konnte." Höre davon Einzelnes. Ein alter kranker Mann hatte die Predigt von Christo Jesu, welcher die Todten auferwecken werde, vernommen. Er sagte, daß er das Wort nie vergessen werde; er dankte dem

---

jährigem Aufenthalt in Grönland wegen geschwächter Gesundheit nach Europa zurückgehen.

*) Das Tagebuch über diese Reise in Egede's Ausführl. u. wahrh. Nachr. ɾc. S. 73 ff.

Prediger für seinen Besuch. Als einige Nachbarn in seinem Hause zusammengekommen waren, bat eine alte Frau den Egede, daß er diese tröstlichen Worte ihrem Sohne sagen möchte, damit er sie dem kranken Vater überbringe, und dieser so auch in Gottes Reich komme. — Ein anderer Grönländer war über die Rede Egede's von der Herrlichkeit und Majestät Gottes so verwundert, daß er ihm gestand, er werde das nimmer vergessen und es auch seinen Landsleuten erzählen. —

Das sind so einige Anfänge des Segens der grönländischen Mission. Großes freilich können wir in den ersten Jahren nicht erwarten. Egede war es auch nicht darum zu thun, mit großen Zahlen von Bekehrten oder Getauften prangen zu können. Im Gegentheil, er fühlte sich in seinem Gewissen gedrungen, von der Taufe, wo sie nur ein leerer Schein gewesen wäre, mehr abzuwehren, als zu derselben zu drängen. Im Jahre 1724 ward das erste grönländische Kind von ihm getauft.

Als er den Anwesenden die Wichtigkeit und den Segen des heiligen Sakramentes vorgestellt hatte, begehrten sie sämmtlich die Taufe. Er wies sie indessen ab, denn er sei noch nicht überzeugt, daß sie Gott aufrichtig liebten. Wenn sie vielleicht in andere Gegenden kämen, so würden sie gar bald des Herrn vergessen, und der würde ihm dann zürnen, daß er sie getauft habe. Die Grönländer aber wollten sich nicht so abweisen lassen. Sie betheuerten ihm, daß sie Gott und den Herrn Jesum aufrichtig lieb hätten. Aber das Alles half ihnen Nichts: Egede vertröstete sie auf zukünftige Zeiten.

Am 10. Januar 1724 konnte H. Egede die erste Predigt in grönländischer Sprache halten. Eine große Anzahl

Eingeborner wohnte derselben auf der Hoffnungsinsel bei. Nicht lange nachher verfaßte er seinen grönländischen „ausführlichen christlichen Unterricht in einfältigen Fragen und Gebeten."

Mit neuen Hoffnungen ging er in's Jahr 1725 hinein. — Wir finden ihn zu Anfang dieses Jahres bei seinem Mitarbeiter Albert Top in Nepisene. Er konnte um so ruhiger seine Kolonie verlassen, da sein Sohn Paul seine Stelle vertrat. Die Grönländer hatten den Letzteren lieber, als den Vater; der war seit Jahren mit ihnen wie mit seines Gleichen umgegangen, und deshalb betrachteten sie ihn als ihren Landsmann. Paul verstand die grönländische Sprache besser, als sein Vater.

In Nepisene vernahm Egede fröhliche Kunde. Am Neujahrstage 1725 hatte Top einen grönländischen Knaben taufen können. Er bekam den Namen Friedrich Christian. Egede giebt ihm ein gutes Zeugniß. Er sagt: „Durch christlichen Unterricht und Umgang hatte dieser Knabe einen solchen Begriff von seiner Seligkeit erlangt, daß er die heilige Taufe mit großer Andacht, ja mit thränenerfüllten Augen empfing. Er ist mit uns ein wirklicher Besitzer des Glaubens und des von Christo erworbenen himmlischen Erbes geworden." Friedrich Christian wurde später ein wackerer Lehrer unter seinem Volke.

Egede hätte nun wohl gern mehrere solcher eingebornen Gehülfen gehabt, denn bei den wenigen Arbeitskräften war ein gründlicher, zusammenhängender Unterricht sehr erschwert. Die Arbeit in den Wintermonaten wurde gar oft durch die Zerstreuungen des Sommers vernichtet. Kamen die Grönländer im Herbste von Neuem zum Unterrichte, so mußte meist von vorn wieder begonnen werden. Egede hielt deshalb für nöthig, daß die Zahl der Missionare vermehrt werde, damit einige von ihnen den Grönländern auf ihren Sommerzügen folgen könnten. Dadurch wäre denn auch der Einfluß der Angekoks, von denen das Volk sich schwer lossagen konnte, vernichtet. Wie groß das Ansehen dieser Zauberer noch war, kann man aus Folgendem ersehen.

Egede hatte dem Volke oft die List und die Betrügereien der Angekoks vor Augen gestellt. Ihr Ansehen erhielt dadurch einen gewaltigen Stoß. Ihr Haß gegen den fremden Prediger wuchs aber in dem Maaße, als ihr Ansehen beim Volke fiel. Sie verleumdeten den Boten des Evangeliums auf jegliche Weise und suchten ihn beim Volke verächtlich zu machen. Ja, sie sagten ihm geradezu, daß sie besser über himmlische Dinge unterrichtet seien, da sie selbst im Himmel gewesen. Alles Leid, was sie dem Fremden anthun konnten, ward hervorgesucht. Ging der Fischfang schlecht, war die Jagd nicht ergiebig, so war daran der fremde Prediger Schuld. Im Jahre 1726 ging dieser Haß in Thätlichkeiten über. Die Veranlassung dazu gab im October 1725 der Geschäftsführer der Kolonie. Der war auf einer Reise an einem Angekok vorbeigekommen, welcher gerade seine Zaubereien zur Vertreibung Egede's vor einer großen Menge Volks trieb. Darüber aufgebracht fuhr der Geschäftsführer gegen den Angekok los und schlug ihm in's Gesicht. Zornentbrannt ergreift der Geschlagene Pfeil und Bogen, den Fremden zu erschießen. Aber dieser ergreift seine Flinte und legt an. Darüber gerathen die Grönländer in solchen Schrecken, daß sie dem Angekok zur Flucht rathen. Der Angekok flieht, und so wird ein Blutvergießen verhütet. — Der Geschäftsführer kehrt nach der

Kolonie zurück und meint, dieser Vorfall werde wohl nicht viel auf sich haben. Aber es ist nicht die Art des Grönländers, erlittene Beleidigungen zu vergessen. Bei gebotener Gelegenheit nimmt er furchtbare Rache. Im März 1726 machte der Geschäftsführer von Neuem eine Reise nach dem Norden. Egede war allein mit den Seinen und mit Top auf der Kolonie. Das schien dem Angekok ein günstiger Zeitpunkt, die im vorigen Herbste erlittene Beleidigung an den Fremden zu rächen. Er rottete sich mit seinen Angehörigen zusammen. Sie wollten erst den hülflosen Egede mit den Seinen überfallen, dann auf seiner Rückreise den Geschäftsführer umbringen.

Der Hüter Israels schläft und schlummert nicht. Sein Auge wachte über Egede. Ein grönländischer Knabe, der auf der Insel wohnte, hatte von dem Vornehmen des Angekoks gehört. Aus Furcht vor dem Angriffe entfloh er. Egede ließ ihn auffordern, er solle zurückkehren, sonst werde er ihn holen lassen. Der Knabe fand sich wieder ein und bekannte offen die Ursache seiner Flucht. — Egede erfuhr genug, um seine Maßregeln zu seiner Vertheidigung treffen zu können. Aber der Geschäftsführer hat beide Schiffe mitgenommen, und es ist unmöglich, von der Insel aus die nöthigen Vorkehrungen treffen zu können. Der Herr half ihm aus der Noth. Unerwartet kehrte der Geschäftsführer zurück, da er nur Aussicht auf schlechten Handel gehabt hatte. — Egede fährt mit einem der Schiffe an's Land zu dem Rädelsführer. Er läßt ihn gefangen nehmen. Die Grönländer verhielten sich still, wiewohl sie ihre Unzufriedenheit mit der Gefangennehmung des Angekoks äußerten. Nachdem der auf der Insel ein dreitägiges Gefängniß ausgestanden, brachte ihn Egede den Seinen wieder. Es wurde dem Glaubensbooten kein Haar gekrümmt. Die Grönländer glaubten's ihm, als er erklärte, daß sie von ihm nichts Böses zu fürchten hätten, falls sie gegen ihn nicht feindselig aufträten.

Aus dieser Geschichte erhellt, daß das Ansehen der Angekots noch immer nicht gebrochen war. Darum wünschte Egede die Vermehrung der Arbeiter im Dienste des Herrn. Der Weg, welchen er dazu einzuschlagen gedachte, war der beste, welchen er wählen konnte. Er dachte an die Errichtung eines Missions-Seminars zur Ausbildung von Nationalgehülfen. Jede Kolonie sollte eine solche Anstalt haben und also der Mittelpunkt für die Missionsarbeiten der nächsten Umgebung werden. In mehreren Briefen schrieb Egede darüber an das Missionskollegium. Aber in Kopenhagen ging man auf seine Vorschläge nicht ein.

Das war überhaupt seine Noth, daß die grönländische Mission in seiner Heimath so wenig Theilnahme und Unterstützung fand. Die Handelsgesellschaft in Bergen hatte kein Herz für die Sache des Herrn. Da sie von dem Unternehmen keinen rechten Vortheil sah, beschloß sie, dasselbe aufzugeben. Zwar unterstützte sie Friedrich IV. mit bedeutenden Summen. So hatte er im Jahre 1725 für die Mission in Dänemark und Norwegen 50,000 Thaler aufbringen lassen. Aber die Gesellschaft kam trotzdem zu keiner rechten Blüthe. Im Jahre 1727 löste sie sich auf. Die Regierung nahm die Mission in Grönland in ihre Hände.

Ehe Egede von diesen Vorgängen in der Heimath Kunde erhielt, hatte er wieder eine schwere Zeit durchmachen müssen. Im Frühjahre 1726 sollte ein Schiff aus Bergen neue Zufuhr bringen. Das Frühjahr verging, aber kein norwegisches Schiff ließ sich blicken, während mehrere holländische Wallfischfänger-Schiffe an der Hoffnungsinsel vorbeisegelten. Die Ungeduld seiner Leute wuchs, als am 2. Juni ein Schiffsballen, am 3. Juni ein nach norwegischer Art verfertigter Wassereimer aufgefischt wurde. Nun schien Alles verloren. Jeder dachte: das nach der Hoffnungsinsel bestimmte Schiff ist verunglückt und an Hülfe in diesem Jahre nicht mehr zu denken. Egede selbst sah, daß er die nöthigen Maßregeln ergreifen müsse, um der Gefahr einer Hungersnoth möglichst vorzubeugen. Er setzte noch einige Hoffnung auf die Hülfe der Holländer. Aber die hatten für die Kolonisten auf der Hoffnungsinsel nicht viel übrig. Zwar nahmen sie den Geschäftsführer und einige Mannschaft bei sich freundlich auf, aber was sie von Lebensmitteln den Zurückbleibenden mittheilten, war äußerst wenig. Um Egede's und der Seinen Noth recht voll zu machen, erhob sich im Monat Juli ein heftiger Südwind. Durch denselben wurde eine so ungeheure Eismasse an die Insel getrieben, daß sich ein Schiff unmöglich Bahn zu der Insel brechen konnte. Zu dem Allen erzählten die Grönländer, daß sie vor Kurzem ein Schiff, dessen Mannschaft sich nach dem Prediger erkundigt habe, in dem Eise versinken gesehen. — Diese Nachricht brachte neue Angst auf die Hoffnungsinsel. Egede allein verlor den Muth nicht. Während seine Umgebung zagte und murrte, blieb er voller Hoffnung. Nur der Anblick des ungeduldigen Volkes und das Elend seiner Frau und seiner Kinder machte ihm Schmerzen. Er schreibt von dieser Trübsalszeit: „Meine eigene Noth könnte ich leicht vergessen und mit Geduld ertragen; denn ich habe, Gott sei Dank, mit dem Apostel gelernt, mich zu begnügen, sowohl satt zu sein, als zu hungern, sowohl Ueberfluß zu haben, als Mangel zu haben.

Allein das Murren und die große Ungeduld des Volks, das Elend meiner Frau und Kinder ging mir am meisten zu Herzen." — Egede's Glaube wurde auch hier wieder nicht beschämt. Am 15. Juli steuerte ein Schiff auf die Hoffnungsinsel zu, das sich gar bald als ein norwegisches erkennen ließ. Mit Mühe wurde es durch die Eismassen an die Insel gebracht. Egede war voll Danks über die Hülfe; aber er vernahm jetzt auch, daß ein anderes ausgesandtes Schiff verunglückt sei.

Als die Regierung die grönländische Mission in die Hand genommen hatte, schien dieselbe kräftiger betrieben werden zu sollen. Es wurden sofort mehrere Schiffe nach Grönland ausgerüstet. Da die Regierung ein Castell zum Schutze der neu anzulegenden Kolonieen zu bauen beabsichtigte, so wurden mit den Schiffen die nöthigen Soldaten nach Grönland gebracht. Außerdem hatten sich mehrere Handwerker zur Ansiedelung in Grönland freiwillig entschlossen. Nur das war ein Mißgriff, daß man, um das Land zu bevölkern, mehrere Sträflinge, die mit Frauen ähnlicher Art verheirathet wurden, nach Grönland transportiren ließ. In dem Major Paars erhielt das Land einen Gouverneur. Und um die Zahl der Missionsarbeiter zu verstärken, wurden Ole Lange und Heinrich Milzoug mitgesandt.

Von Kopenhagen aus hatte man gegen Egede den Wunsch ausgesprochen, daß er dahin einige Grönländer senden möchte. Er wählte dazu drei Neugetaufte aus, zwei Knaben und ein Mädchen. Mit diesen unternahm ein getauftes Ehepaar, Christian und Christiana, die Reise. Mit ihnen ging Egede's ältester Sohn, Paul, theils um den Unterricht dieser jungen Christen fortzusetzen, theils um seine eigenen Studien in Kopenhagen zu vollenden.

Nicht lange nach der Ankunft der Hülfe wurde der Plan zu der längst beabsichtigten Verlegung der Niederlassung von der Hoffnungsinsel nach dem Festlande ausgeführt. Zwei Meilen ostwärts bot sich ein passender Ort dar. Der Bau der Häuser begann, und so entstand die neue Kolonie Godthaab d. i. gute Hoffnung.*) Am 28. September 1728 siedelte Egede mit den Seinen dahin über. Wir sind schon daran gewöhnt, jeden Hoffnungsstern, der dem Egede für eine gesegnete Wirksamkeit aufging, gar bald wieder von den Wolken verdeckt zu sehen. Darum wollen wir uns nicht wundern, wenn wir jetzt wieder von solchen Wolken hören müssen. Kaum waren die ersten Einrichtungen in der neuen Kolonie getroffen, als sie in die Gefahr einer gänzlichen Zerstörung kam. Die Soldaten waren des elenden Lebens in Grönland müde. Ebenso ging es den transportirten Gefangenen. Die Unzufriedenheit der Einen wurde an der der Anderen genährt. Ihr ganzer Haß warf sich auf Egede und den Gouverneur, welche allein an diesem mühseligen Leben Schuld seien. Egede war seines Lebens nicht sicher. Er klagt darüber, daß er sich vor seinen christlichen Landsleuten bewaffnen müsse, während er sich unter den heidnischen Grönländern ruhig niederlegen könne. — Nun der Herr zeigte es dem Knechte, daß er ihn zu bewahren wisse. Es brach unter dem unzufriedenen Volke während des äußerst strengen Winters von 1728 auf 1729 eine heftige Krankheit aus. Der größte

---

*) Denselben Namen hatte die ältere Kolonie auf der Hoffnungsinsel geführt.

Theil desselben wurde von derselben hingerafft. Wenige nur waren übrig, als im Frühjahr 1729 die Seuche schwand.

Im Anfange des Jahres 1729 hielt Egede mit seinen beiden Mitarbeitern, Lange und Miltzoug, eine Missions-Conferenz in Godthaab. Es wurden da von den Heidenboten wichtige Beschlüsse über die Taufe der Kinder heidnischer Eltern gefaßt. Egede hatte während seines langjährigen Aufenthalts in Grönland gesehen, wie gleichgültig die Erwachsenen sich gegen das Evangelium verhielten. Darum meinte er, daß man sich besonders die Pflege der Kinder angelegen sein lassen müsse. Er schlug deßhalb vor, daß die Kinder der in der Kolonie wohnenden Heiden, welche ohne Unterbrechung den christlichen Unterricht genießen und später der Pflege von Nationalgehülfen anvertraut werden könnten, getauft werden sollten, wenn die Eltern dazu ihre Einwilligung gegeben hätten. Egede's Vorschlag fand die Zustimmung seiner Mitarbeiter. Nachdem die Angelegenheit hin und her erwogen war, einigten sie sich über folgende drei Punkte: „1) daß sie von nun an in des Herrn Jesu Namen die heilige Taufe den unmündigen Kindern der zunächst umher wohnenden Grönländer mittheilen wollten, vorausgesetzt, daß die Eltern selbst der christlichen Lehre Beifall gäben und zugleich willig wären, ihre kleinen Kinder dem Herrn Jesu zu opfern; 2) daß sie ebenso mit den etwas ältern Kindern verfahren würden, wenn sie die vornehmsten Hauptstücke unseres christlichen Glaubens gefaßt, und 3) nicht weniger mit den Erwachsenen und Alten, wenn diese, nächst nöthiger Erkenntniß und Verständniß der christlichen Lehre, Zeichen einer rechten Andacht und eines wahren Ernstes in der Sache der Seligkeit gäben und ein Verlangen nach diesem hochwürdigen Sacrament äußerten." Diese Bestimmungen übersandten sie dem Missionskollegium in Kopenhagen zur Bestätigung. Unter dem 30. Mai 1730 erfolgte dieselbe unter folgenden Bedingungen: „1) wenn die Eltern nicht dazu gelockt, noch weniger gezwungen würden, sondern ihren freien Willen gäben; 2) wenn sie es nicht aus abergläubischer Meinung verlangten, als ob die Taufe den Kindern zur Leibesgesundheit und Stärke helfen werde, so wie sie früher verlangt, daß der Missionär die Kranken anblasen möge; 3) wenn sie sich verbänden, ihre getauften Kinder mit der Zeit unterweisen zu lassen. Daher sollten die Missionare auch ein richtiges Verzeichniß halten, damit sie wüßten, welche Kinder getauft worden, und wo sie hingekommen, um nicht aus Irrthum eine Wiedertaufe vorzunehmen. Erwachsene aber müßten sie nicht eher taufen, als sie in den nothwendigsten Stücken der christlichen Religion unterwiesen worden, und ein wohlgeprüftes Verlangen nach der Taufe an sich spüren ließen.

E g e d e brachte die Beschlüsse der Conferenz gar bald zur Ausführung. Er wartete nicht einmal die Bestätigung derselben durch das Missionskollegium ab. — Schon am 14. Februar 1729 taufte er auf den Kokörnen, einer nicht fern von Godthaab liegenden Inselgruppe, sechszehn Kinder. Die Zahl der also Getauften wuchs in kurzer Zeit. Der Unterricht dieser Kinder hatte besondere Schwierigkeiten, zumal Egede gar bald die Hülfe seiner beiden Kollegen entbehren mußte. Im Frühjahre 1729 wurde die früher verlassene Kolonie Nepisene wieder bezogen. Dahin begab sich Ole Lange. Milzoug konnte zwar eine Zeitlang dem Egede in Godthaab hülfreiche Hand leisten; allein er folgte gar bald dem Lange nach Nepisene, denn dieser konnte nicht

4*

allein die dortige Arbeit verrichten. Egede mußte sich behelfen, so gut er konnte. Er stellte den früher in Nepisene getauften Friedrich Christian als seinen Gehülfen in der Arbeit an den Kindern an. Den sandte er auch wohl unter die Grönländer, um ihnen und ihren Eltern vorzulesen. Friedrich Christian versah sein Amt nicht ohne Geschick. Seine Landsleute liebten ihn und freuten sich, wenn er zu ihnen kam. Egede setzte auf ihn große Hoffnung für die Zukunft.

Hatte Egede bisher schon den Mangel an Arbeitern gefühlt, so trat derselbe besonders in der nächsten Zeit hervor. Die Grönländer fürchteten sich vor den Soldaten der Kolonieen. Sie zogen sich weiter nach Norden in die Discobucht zurück. Egede konnte nicht zu ihnen; er hätte ihnen gern einen Prediger mitgegeben, zumal sie selbst den Unterricht über Gott und seine Schöpfung begehrten. Im Jahre 1730 ließen sie den Egede auffordern, daß er sich unter ihnen niederlassen möchte. Sie gaben einem Boten diesen Auftrag an den Prediger: „Sage dem Redner, daß er nach Norden zu uns kommen und hier seine Wohnung aufschlagen soll, denn hier ist das Land besser, und es sind mehr Leute hier, als dort unten, wo er jetzt wohnt. Er soll bei uns Alles empfangen, was die Schiffsleute zu erhalten pflegen; denn diese können uns Nichts von Bedeutung sagen und sprechen auch von nichts Anderem, als von Speck. Wir möchten auch gern gründlichen Unterricht vom großen Schöpfer empfangen, von welchem diejenigen mit uns gesprochen, die ihn gehört haben." Doch Egede selbst konnte von Godthaab nicht abkommen; denn alle dortige Arbeit lag in seinen Händen. Er sandte daher seinen zweiten Sohn, Niels, der nach des älteren Bruders Abreise nach Europa den Vater unterſtützte. —Als Egede einmal den grönländiſchen Eltern den Vorſchlag machte, daß ſie ihm ihre Kinder zum Unterricht auf einige Zeit in ſein Haus geben möchten, ſie aber dazu ſich nicht verſtehen konnten, ſagten ſie ihm: „Sage dem Könige, daß er uns mehr Prediger ſende."

Egede nahm dieſes Verlangen nach Predigern als eine Verheißung herrlicherer Zeiten an. Er hatte die frohe Zuverſicht, daß der Herr über dieſes Land die Zwillingsſonne bald aufgehen laſſen und ſich ſeine Erlöſeten aus den Grönländern ſammeln werde.

Drittes Kapitel.

H. Egede in Grönland bis zu seiner Rückkehr nach Europa. — Seine letzten Lebensjahre.

Denn unsere Trübsal, die zeitlich und leicht ist, schaffet eine ewig und über alle Maaßen wichtige Herrlichkeit, uns, die wir nicht sehen auf das Sichtbare, sondern auf das Unsichtbare. Denn was sichtbar ist, das ist zeitlich; was aber unsichtbar ist, das ist ewig.
2 Cor. 4, 17. 18.

Wir nahmen im vorigen Capitel von Hans Egede Abschied, als ihm einmal das Herz wieder so recht weit geworden war, und er voller Hoffnung für das Werk der grönländischen Mission in die Zukunft blicken durfte. Diese Hoffnung brach gar bald zusammen. Der königliche Missionsfreund Friedrich IV. starb am 12. October 1730 selig in seinem Herrn. Am 19. Juni 1731 kam die Trauerkunde nach Grönland. Egede war davon tief erschüttert. Mit Sorgen und Angst sah er auf das Missionswerk. Im Gefolge der Todesnachricht kam noch eine andere niederschlagende Kunde nach Godthaab. König Christian VI., Friedrich's Sohn und Nachfolger auf Dänemarks Königsthrone, hatte zwar von seinem Vater die Liebe zu dem Missionswerke überkommen. Er selbst hat uns davon schon früher den Beweis gegeben.*) Allein er sah von dem Unternehmen in Grönland keinen Erfolg. Die materiellen

---

*) Vgl. Ev. Missionsgesch. 1. 2. 3. S. 122. ff.

Vortheile, welche die Verbindung mit diesem Lande gewährte, deckten bei weitem nicht die Kosten desselben. Für die dortige Mission hatte er wenigstens damals kein Herz. Mit der Nachricht von dem Ableben Friedrich's traf in Godthaab der Befehl des neuen Königs ein, daß sämmtliche Kolonieen in Grönland aufgegeben werden sollten. Die Kolonisten sollten sofort die Rückreise nach Europa antreten. Das war ein harter Schlag für Egede! Ihm und denjenigen, welche sich ihm anschließen wollten, war es zwar gestattet, länger zu bleiben; allein es wurde ihm nur noch für ein Jahr Unterstützung von Europa zugesagt. Aber bei solchen Aussichten mochte sich Niemand zu längerem Bleiben entschließen.

In kurzer Zeit durchlief die Nachricht von dem nahen Abzuge der Europäer das Land. Egede wurde von den Eskimos mit Fragen angelaufen, denn sie konnten nicht begreifen, wie der König von Dänemark den Befehl dazu habe erlassen können. „Ist es wahr, daß du uns verlassen willst?" Diese Frage mußte der Missionar oft von den Eingebornen hören. Es mag ihm wohl schwer geworden sein, dieselbe bejahen zu müssen. Als er den Grönländern sagte, daß dieser Befehl des Königs wahrscheinlich wegen ihrer geringen Fortschritte erlassen sei, wollten sie darüber sich gar nicht zufrieden geben. Sie meinten, daß sie doch wohl gute und willige Schüler gewesen seien. „Die das dem Könige hinterbracht haben," sagten sie, „sind große Lügner; du weißt ja selbst, daß wir fleißig auf deinen Unterricht Acht gegeben." Egede's Schmerz über den königlichen Befehl wurde durch die Liebesbeweise der Eingebornen nur noch vergrößert. Aber aufs Tiefste betrübt war er, wenn er auf seine getauften Kinder sah. Ihre Zahl war jetzt etwa auf 150 gestiegen. Seine schönsten Hoffnungen knüpften sich an sie; er liebte sie innig, die Arbeit an ihnen war ihm große Freude. „Sie lagen mir so nahe am Herzen," sagt er selbst, „als je Kinder einer liebenden Mutter an's Herz gebunden sein können."

Gertrud Egede stand dem trauernden Gatten in dieser Zeit rathend, helfend und ermunternd zur Seite. Sie lag gerade auf dem Krankenbette, als die Trauer-Botschaften aus Europa anlamen. Ihr Gatte meinte, des Befehl des Königs würde ihr jetzt willkommen sein. Aber nein, sie erklärte vielmehr, daß sie unter keiner Bedingung das Land verlassen werde. Auch ihren Gatten ermunterte sie zu gleichem Entschlusse, falls ihm nur einige Hülfe von Europa zugesagt werde. — Es wurde eine allgemeine Berathung gehalten. Der Heidenbote ergreift das Wort für sein Grönland, das ihm schon längst eine zweite Heimath geworden. Er wies auf die materiellen Nachtheile hin, welche aus einer so plötzlichen Aufhebung der Kolonieen entspringen würden. Er zeigte den Versammelten, wie alle Häuser der Kolonieen gar bald von den Grönländern vernichtet werden würden. Das Alles war vergebens. Der königliche Befehl war erlassen, und man glaubte, daß man demselben nicht zuwider handeln dürfe. Da erklärte Egede, er wolle im Vertrauen auf die starke Hand seines Herrn in Grönland bleiben, falls man ihm 8 bis 12 Leute zurücklasse. Die Bedingung widersprach der königlichen Weisung, nach welcher alle Schiffsleute zur Rückkehr aufgefordert waren. Nach vielem Hin- und Herreden einigte man sich dahin, diejenigen Schiffsleute, welche sich freiwillig zu längerem Bleiben entschlössen, in Grönland zu lassen. Ihrer Zehn erklärten sich bereit. Die Uebrigen bestiegen gar bald ihre Schiffe und steuerten der Heimath zu.

„So bin ich denn," schreibt Egede, „allein mit meiner Frau, drei Kindern, zehn Matrosen und acht grönländischen Knaben und Mädchen, die fast vom Anfange bei mir gewesen sind, zurückgelassen. Gott lasse mich die selige Stunde erleben, da ich wieder erfreulichere Nachrichten vom Vaterlande zu hören bekommen werde." Egede legte sich und die Seinen ganz in Gottes Hände. Der hatte ihm so oft gezeigt, daß er sein Werk nicht lassen wolle, — sollte er nicht auch Wege haben, die aus dieser Nothzeit herausführten?

Unter so drückenden Verhältnissen konnte Egede seine Arbeit nur mit Seufzen thun. Bei der geringen Aussicht, künftig die getauften Kinder in der christlichen Religion unterrichten zu können, stellte er das Taufen ganz ein. Er meinte, es werde auch noch für ihn die Stunde des Scheidens von Grönland kommen. Seine Grönländer freilich dachten daran nicht. Ein Vater brachte einmal seine beiden von Egede getauften Kinder. „Diese wollen dir keineswegs erlauben, wegzuziehen," sagte er. Egede erwiederte ihm, daß nach Verlauf eines Jahres die Mission in Grönland aufgehoben werden müsse, denn dann werde die Unterstützung aus Europa ausbleiben. Da gab ihm der Eskimo zur Antwort, daß er ja auch leicht ohne solche Hülfe bei ihnen bleiben könne, denn das Land sei ja reich an Rennthieren, Seehunden, Vögeln und Fischen, die ihm hinreichende Nahrung geben würden. — Die Grönländer kamen wohl zu ihm und sagten: „Wir meinten, dein großer Herr sei so reich und habe so viel Leute und Schiffe, dazu auch so viel zu essen in seinem Lande, und nun kann er dich und deine Leute nicht länger unterhalten und ein einziges Schiff heraufschicken?" Was sollte Egede darauf antworten? Die Frage schnitt ihm tief in's Herz.

Und doch war das Maaß seiner Leiden noch nicht voll. Du solltest wohl meinen, Egede habe des Betrübenden genug in Grönland erlebt. Du gönnest gewiß dem theuren, vielgeprüften Knechte des Herrn eine Zeit der Erquickung. Gottes Wege gingen mit Egede auf tiefen Wassern. Er hat ihm das „Laß dir an meiner Gnade genügen" recht an's Herz gelegt.

Eine Zeit großer Trübsal wurde am Neujahrstage 1732 durch einen schmerzlichen Verlust eingeleitet. An demselben entschlief ein grönländischer Knabe, in welchem Egede mit Freuden einen künftigen Nationalgehülfen am Werke des Herrn unter seinen Landsleuten sah. Nur die Zuversicht, daß dieser Knabe nun „das glückselige, freudenvolle und ewige Neujahr" feiern dürfe, linderte ihm den Schmerz. — Die Noth hörte im Jahre 1732 nicht auf.

Im Mai 1733 wurde Egede durch eine gute Kunde vom Vaterlande erfreut. Der Graf Zinzendorf, dem die Mission Herzenssache war, folgte mit großer Theilnahme den Arbeiten Egede's unter den Heiden. Bei seiner für die Mission so wichtig gewordenen Anwesenheit in Kopenhagen im Jahre 1731*) mag er wohl bei König Christian VI. Fürsprache zu fernerer Unterstützung der grönländischen Mission eingelegt haben. Zinzendorf's Wort scheint auf den König einen guten Eindruck gemacht zu haben. Im April 1733 ging ein königlicher Erlaß aus, in welchem eine kräftigere Führung des Handels mit Grönland empfohlen wurde. Zugleich sollte die dortige Mission kräf-

---

*) Vgl. Ev. Missionsgeschichte B. III. H. 1. S. 37 ff. u. H. 3. S. 5 ff.

tiger betrieben werden. Es wurden für dieselbe 2000 Thaler bewilligt. **Egede** wurde aufgefordert, geeignete Vorschläge über die weitere Ausdehnung des Missionswerkes einzureichen. Das Schiff, welches die Nachrichten überbrachte, führte die ersten Sendboten der Brüdergemeinde nach Godthaab. Ihre Namen sind **Christian David, Matthäus** und **Christian Stach**. Man hatte sie angewiesen, „sich dem von Gott auf eine besondere Weise erweckten und durch viele Uebungen bewährten Apostel der Grönländer, Herrn Egede, wenn er sie brauchen wollte und könnte, als seine Gehülfen darzustellen; wenn er sie aber nicht brauchte, ihn im Geringsten nicht zu stören; übrigens aber für sich allein zu wohnen, und ihr Hauswesen so einzurichten, wie es sich zu einem gottseligen Leben und Wandel gehöre." Sie brachten Empfehlungsschreiben an Egede, darunter eins von des Königs eigener Hand, mit. Der empfing sie mit Freuden und hieß sie als Mitarbeiter herzlich willkommen. Wo er ihnen helfen und rathen konnte, that er's. Unter seiner Anleitung begannen sie das Studium der grönländischen Sprache. Auch Egede's Kinder halfen ihnen dabei. — Leider hat es in der folgenden Zeit zu keinem innigen Verhältnisse zwischen Egede und den neuen Sendboten kommen wollen. Ihre Rechtgläubigkeit war in einem Schreiben an Egede in Zweifel gezogen. Der hielt es für eine Pflicht, mit ihnen offen über diesen Punct zu sprechen. Die Brüder antworteten gereizt; und Egede konnte kein rechtes Vertrauen gewinnen. Aber dennoch hat er gegen sie gehandelt, wie es eines Dieners des Heilandes würdig ist. Er schrieb an sie: „Ich finde in Eurem guten Willen, die Grönländer in Gottes und Christi Erkenntniß zu unterrichten, nicht allein nichts zu tadeln, sondern, vielmehr zu rühmen, und obschon Ihr nicht studirt habt, könnt Ihr doch nichts desto weniger geschickt werden, Christi Geheimnisse den wahnwitzigen Grönländern zu offenbaren, wenn Ihr erst die Sprache werdet erlernt haben, wozu Euch Gott Leichtigkeit gebe!. Ich, nach meiner Erkenntniß und Vermögen will Euch von Herzen gern alle Anleitung geben. Ich freue mich, daß Christus gepredigt wird; nehme euch die dazu angebotene Hülfe begierig an und erkenne Euch als Brüder und Mitarbeiter am Werke des Herrn, so Ihr Euch, (daran ich nicht zweifle) befleißigt, in göttlicher Wahrheit einherzugehen." Die Brüder nahmen diese gutgemeinten Worte gereizt auf. Es entstand ein sehr unerquicklicher Briefwechsel, der drei volle Monate dauerte. Wir bewundern dabei Egede's Ruhe, beklagen aber die oft gehässigen Verdächtigungen, welche die Brüder gegen ihn aussprachen. Die Folge davon war, daß die beiderseitigen Arbeiten nicht mit einander, sondern neben einander gethan wurden. Die Brüder sahen jedoch später ihr Unrecht ein; bei dem Scheiden Egede's versöhnten sie sich mit ihm.*)

Eine schwere Prüfungszeit für die Grönländer, besonders auch für Egede, brachte der Winter von 1733 auf 1734. Mit den im Jahr 1731 zurückkehrenden Kolonisten waren sechs grönländische Kinder nach Kopenhagen gegangen. Fünf von ihnen haben ihr Heimathland nicht wiedergesehen. Vier starben in Europa, das fünfte starb während der Rückreise auf der See. Der allein übriggebliebene Knabe kam 1733 dem Anscheine nach gesund in Godthaab an. Einen Hautausschlag, der sich bei ihm zeigte, schlug man nicht hoch an. Er besuchte ungehindert im Lande seine

---

*) Vgl. Evang. Missionsgeschichte B. III. H. 3. S. 28 ff.

Landsleute. Allein bald zeigte sich's, daß jener Hautausschlag die Blattern seien. Im September 1733 starb der Knabe. Auf seinen Besuchsreisen hatte er die Grönlä über angesteckt. Die Blatternkrankheit griff in reißender Schnelligkeit um sich und wüthete unter den Eingebornen auf furchtbare Weise. Das erste Opfer, welches sie forderte, war Egede's Liebling, der 1725 von Top in Nepiseñe getaufte Christian Friedrich. Neun Jahre hatte Egede diesen jungen Grönländer in seinem Unterrichte gehabt. Seit mehr als zwei Jahren war er unter den grönländischen Kindern thätig gewesen. Bei den Arbeiten über die grönländische Sprache, bei der Uebersetzung der Sonntagsevangelien hatte er dem Egede große Dienste geleistet. Sein Krankenlager bezeugte es, daß die Arbeit an ihm nicht vergebens gewesen. Er war gefaßt. Er betete viel zu dem Herrn um seine Gnade. Am 14. September 1733 rief ihn der Herr heim. Es war ein großer Verlust für unsern Heidenboten. So manche Hoffnungen legte er mit in das Grab seines wackern Schülers. „Wie wunderbar und unbegreiflich," sagt er, „ist doch des Höchsten Rath und Weg, indem er uns ganz der Mittel beraubt, welche nach unserer menschlichen Einsicht am meisten die Ausbreitung seiner Ehre fördern könnten! Lehre uns, o Gott, daß wir uns darin ergeben, und in einer lautern, einfältigen Hingabe uns Deiner wunderlichen, doch seligen Führung und Leitung befehlen!"

Sobald Egede das Wesen der Krankheit erkannt hatte, suchte er nach Kräften der weitern Verbreitung derselben entgegenzuwirken. Er bat die Grönländer, angesichts der drohenden Gefahr ihr umherstreifendes Leben einzustellen und die Angesteckten möglichst fern von den Gesunden zu halten. Allein seine Bitten fanden kein Gehör. Die Angesteckten zogen, so lange sie konnten, von Ort zu Ort; die Krankheit breitete sich immer weiter aus. Da dieselbe bisher in Grönland gänzlich unbekannt gewesen, so beobachteten die Eingebornen nicht einmal die gewöhnlichen Vorsichtsmaaßregeln. Der Zustand der Kranken war bedauernswerth. Um ihre Hitze und ihren Durst zu lindern, entblößten sie sich und tranken Eiswasser. Gewöhnlich folgte dann nach wenigen Tagen der Tod. Einige nahmen sich selbst das Leben, weil sie die Schmerzen der Krankheit nicht länger ertragen wollten. In dem Tagebuche Egede's heißt es am Schlusse des Jahres 1733: „Die große Sicherheit und Kaltsinnigkeit dieser Menschen in ihrer großen Noth und Elend war höchlichst zu bewundern, denn ob sie schon ihr Unglück und Verderben vor Augen sahen, so nahmen sie sich weder selbst gebührend in Acht, daß sie von den Andern nicht angesteckt wurden, ob ich sie genugsam warnen ließ und mit allen Kräften dieses Unglück zu hindern suchte, noch beklagten sie auch ihre Freunde und Verwandten, wenn sie so plötzlich hingerafft wurden, wie sie sonst zu thun pflegten, vielweniger bedachten sie die Gefahr, der sie unterworfen waren, noch ihr eigenes vorstehendes Elend, sondern meinten, es hätte keine Gefahr mit ihnen, so gar bis ihnen die Seele ausfahren wollte. Je weniger sie nun über ihr eigenes Elend gerührt waren, je mehr Mitleiden und Bekümmerniß fand sich bei mir, indem meine schwache Vernunft nicht ausfindig machen konnte, warum ihnen dieses Alles begegnete. Hätte man denken sollen, es geschehe von ungefähr oder zufälliger Weise, so wäre solches nicht christlich gewesen, denn da nach den Worten unseres Erlösers nicht einmal ein Sperling vergessen ist, wie viel weniger ein Mensch, geschweige so viele Menschen. Daß sie nun Gott hätte strafen und heimsuchen wollen, weil sie das angetragene Wort und die angebotene Gnade nun in die 12 Jahre, da ich bei ihnen gewesen und sie unterwiesen, nicht recht hätten annehmen wollen, dieses, meinte ich, wäre Gottes großer Langmuth und Barmherzigkeit gar nicht gemäß, sintemal bei ihnen ein großer natürlicher Wahnwitz, Dummheit und Kaltsinnigkeit zu finden war, wie einst bei andern Nationen und daher ohne Gottes sonderliche Gnade und Erleuchtung etwas nachzudenken ganz ungeschickt waren, und daher die göttlichen Dinge nicht fassen, noch begreifen konnten, daß Gott nichts ohne Ursache thut, weiß ich wohl, die Ursache aber ist ihm allein bekannt. Oefters fiel mir mit Verdruß bei, daß ich nicht zugleich mit Andern, da wir vom Lande nach Hause berufen worden, mich davon wegbegeben, so wären die armen Menschen nicht in so großes Unglück gerathen, nun aber war mein Zurückbleiben und die Hin- und Herreise einiger Grönländer eine Ursache davon, und da ich gedacht, ich wäre zu ihnen ans Land gekommen zu ihrer Erlösung und Seligkeit, wäre es fast zu ihrem Untergange und Verderben hinausgebrochen. Allein der Herr ist gerecht und alle seine Gerichte sind rechtfertig, sie dieneten, mich zu prüfen und zu demüthigen, und ihnen zur Reinigung und Seligkeit, die ich gewiß hoffe."

Egede feierte in dieser schweren Zeit nicht. Seine unermüdliche Frau stand ihm helfend zur Seite. Die Augen der Grönländer waren auf ihn gerichtet; alle begehrten Hülfe von dem fremden Priester. So Viele sein Haus fassen konnte, die nahm er bei sich auf. Er mit den Seinigen pflegte der Kranken in echter Samariterliebe. Mit seinem Sohne und den Sendboten der Brüdergemeinde suchte er die Stätten des Elendes im Lande auf, um dahin den Trost des Evangeliums zu bringen. Auf diesen Reisen trat die Furchtbarkeit der Krankheit recht deutlich hervor. Manche Häuser waren ganz ausgestorben. Oft fanden sie die Leichen in und vor den Häusern unbeerdigt liegen.

Auf einer Insel traf Egede ein von den Blattern befallenes Mädchen, das mit drei kleinen Brüdern allein übriggeblieben war. Nachdem der Vater die Bewohner der Insel beerdigt hatte, war auch er krank geworden. Mit seinem kleinsten Kinde hatte er sich in ein Grab von Stein gelegt und dem Mädchen aufgetragen, ihn mit Steinen und Rasen wohl zu bedecken, damit sein Leichnam nicht von den Raben und den Füchsen verzehrt werde. Das Elend der unglücklichen Geschwister ging dem Egede durch's Herz. Er ließ sie nach Godthaab bringen, wo er ihnen ein zweiter Vater geworden ist.

Die barmherzige Liebe ist eine Macht über rohe Gemüther. Sie wirkt auf sie auf wunderbare, geheimnißvolle Weise. Leute, die erstarrt und verstockt waren, haben sich dieser Macht nicht entziehen können; sie sind unter derselben zerbrochen. Die Geschichte der rettenden Liebesthätigkeit bezeugt das in hundert und tausend Beispielen.

Auch Egede machte darüber erquickende Erfahrungen. Wir freuen uns mit ihm derselben, da wir des Betrübenden genug gehört haben und noch hören müssen. Ein Eskimo hatte früher fortwährend unseres Heidenboten und seiner Reden gespottet. Der Priester nahm sich desselben während seiner Krankheit an. Die ihm bewiesene Liebe blieb nicht ohne Segen. Kurz vor seinem Tode sagte er zu seinem

Wohlthäter: „Du hast an uns gethan, was unsere Eigenen nicht an uns würden gethan haben. Denn du hast uns mit Speise unterhalten, wenn wir Nichts zu essen hatten. Du hast unsere Todten begraben, welche sonst, wo du nicht dagewesen wärest, von den Hunden, Füchsen und Raben wären aufgefressen worden. Insbesondere aber hast du uns von Gott gelehrt, wie wir selig werden sollen, so daß wir nun freudig sterben und ein besseres Leben nach diesem erwarten können." Von Kranken aber, deren Sterben ein Aufjauchzen zu dem Herrn gewesen, können wir nicht berichten. Hat es Grönländer gegeben, die diesen Tod gestorben, so stehen ihre Namen im Buche des Lebens, was vor dem Herrn allein aufgeschlagen liegt. Vielleicht, daß wir dereinst in dem ewig neuen Liede des Himmels auch den Lobgesang erlöseter Eskimo hören werden. Aber das darf ich getrost berichten, daß an manchem Sterbelager der Lebensodem des Herrn zu fühlen gewesen ist. Besonders waren es die getauften Kinder, welchen der Glaube an den Sohn Gottes und an die Herrlichkeit, welche er den Seinigen verheißen hat, auch in der Todesstunde reichen Trost gebracht hat. Wir heben aus den Tagebüchern Egede's Einzelnes aus.*) Eine dem Tode nahe Grönländerin hatte einmal zu den Kindern des Missionars gesagt: „Ich sehe wohl, daß die Seuche auch bald an mich kommen wird, und daß ich mit den Andern davon muß, sage mir also, was hat es für eine Beschaffenheit mit dem Reiche Gottes, wovon uns euer Vater allezeit Unterweisung gegeben, und darauf ich nicht sonderliche Achtung gegeben habe? Was soll denn der Gläubigen Verrichtung sein, wenn sie

---

*) Vgl. H. Egede's, Ausführliche u. wahrhafte Nachricht S. 251 ff.

dahin kommen? und was sollen sie essen und trinken?" Egede's Kinder sagten ihr auf diese Fragen, „daß wenn diese Seele sich vom Leibe trennet, so fähret solche zu Gott und soll bei Gott bis an den jüngsten Tag lauter Freude und Herrlichkeit genießen, da dann Gottes Sohn wieder kommen wird, die Todten aufzuerwecken und die Seele mit dem Leibe wieder zu vereinigen, wobei die Gläubigen mit Leib und Seele in Gottes Reich sollen eingenommen werden, und daselbst in unaussprechlicher Freude und Herrlichkeit leben. Wann die Seele ein Geist ist, so braucht sie keine Speise, desgleichen, wann die Seele wieder zu dem Leibe kommt, so bedarf der Leib ebenfalls keiner Speise, wie hier in diesem Leben, denn er soll von dem Anschauen Gottes gesättigt werden. Was ihre Verrichtung angehe, so bestehet sie darin, daß sie sich freuen und fröhlich sein sollen und Gott in Ewigkeit loben und danken." —„Das ist ein herrliches Leben," erwiederte die Sterbende, „wenn es nur nicht so wehe thäte zu sterben; doch es ist bald überstanden."— Eine Wittwe sah sechs ihrer Kinder nacheinander in's Grab sinken. Egede meldet unter dem 10. Dezember 1733, daß, da sie Alle durch die hl. Taufe in den Gnadenbund Gottes aufgenommen seien, an ihrer Theilnahme am Reiche Gottes nicht zu zweifeln sei. „Der älteste, welcher in der christlichen Lehre nach der Fassungskraft seines Alters ziemlich vorgeschritten, redete in seiner Krankheit merkwürdige Dinge. Denn, da sich die Mutter sehr ungeduldig anließ, wider Gott murrte, und sagte: daß sie nun erkenne, daß es nicht wahr sei, was ich von Gott und seinem Sohne gesagt, daß er beides mächtig und barmherzig wäre, daß er könne und wolle helfen, wenn man ihn in der Noth anriefe, so sagte er zu ihr: es wäre ja weit besser, bei Gottes Sohn in seinem Reich zu sein, als hier auf dieser elenden Welt zu leben, er seines Theils wäre gar nicht bange zu sterben, denn er wüßte, daß er in Gottes Reich käme, weil er getauft und dadurch ein Kind Gottes geworden sei. Dahingegen konnte man die Mutter kaum zufrieden stellen. Sie betete lange zu Gott und sagte: „O Gott, ich mag nicht sterben, wenn ich aber alt werde, so will ich erst sterben. Da sie endlich einsah, daß ihr Gebet nicht erhört wurde, wollte sie auch nicht mehr beten, denn als ich sie ermahnte, sie solle Gott beständig um seine Gnade anrufen, sagte sie, sie wolle nichts mehr mit Gott zu thun haben, nebst andern harten Worten, so sie vor Ungeduld ausstieß. Da ich sie aber deßwegen bestrafte und sagte, daß sie dem Teufel zugehöre und sie in das höllische Feuer geworfen werden sollte, wo sie noch größere Pein empfinden würde, als sie nun fühlte, weil sie Gott verachtete und ihn nicht um seine Gnade bäte; hierauf wollte ich von ihr gehen, sie ergriff mich aber beim Rock und bat mich, ich möchte bei ihr bleiben und sie lehren, was sie sagen sollte, welches ich auch that, und sie gab ganz fleißig darauf Achtung." — Am 20. März 1734 starb ein getaufter grönländischer Knabe im Alter von etwa 8 Jahren. „Bei ihm," sagt Egede, „war des heiligen Geistes Wirkung und Gnade augenscheinlich zu sehen, welche sich tröstlich in seinem festen Glauben äußerte, und dem Tode freimüthig entgegenzugehen, denn er sagte, er litte zwar viel Böses, allein er fühle es nicht, er gedächte nur an Gottes Sohn, an die Herrlichkeit und Freude, welcher er entgegensehe, welche Rede fürwahr bei einem Kinde von solchem Alter zu bewundern war." — Ein kleines fünfjähriges Mädchen wurde am 7. April 1734 eine Beute der Seuche. „Dieses Kind," heißt es in dem

Tagebuche des Missionars, „konnte nach seinem Alter schön lesen, und rief in seiner Krankheit beständig Gott an. Kurz vor ihrem Ende fragte sie: Wer sie denn in den Himmel tragen sollte, wenn sie nun todt wäre. Und als ich ihr antwortete, daß die Engel Gottes im Himmel kommen würden, sie wegzutragen, fragte sie ferner, ob sie auch ihre Mutter da antreffen würde. Ich antwortete Ja, darauf ich ihr vorbetete, und darauf entschlief sie."

Bis in den Monat Juni 1734 wüthete die Seuche. Egede's Haus war bis dahin ein Hospital. An 2000 bis 3000 Menschen waren nach seiner Angabe hingerafft. Meilenweit fand man die früher so bevölkerten Hütten leer. Wer hatte fliehen können, war geflohen. Die Zurückgebliebenen waren meistens die Beute der Krankheit geworden.

Das ganze Land war ein Gottesacker geworden. Egede stand auf demselben, wie ein Einsamer. Aller Glaubensmuth war dahin. Er meinte, jetzt sei das ganze Werk des Herrn vernichtet. Er machte sich die bittersten Vorwürfe darüber, daß er im Jahre 1731 Grönland nicht verlassen und daß er die grönländischen Kinder nach Kopenhagen gesandt habe, von wo die Seuche übergepflanzt sei. „Was für Elend wir diese Zeit," sagt er, „an diesen armen Menschen gesehen, ist nicht zu beschreiben, desgleichen die Mühe und Ungemach, welches wir von diesen kranken Menschen ausstanden. Die meisten von ihnen lagen in meiner eigenen Stube und wurden von mir und den Meinigen bedient, denn nicht einmal unsere Leute und Matrosen wollten den Gestank leiden, den diese Krankheit mit sich führte, daher ich solches über mich selbst nehmen mußte, denn ich konnte nicht über mein Herz bringen, daß sie in der Kälte hätten so elendig umkommen sollen. Kurz zu sagen, wir haben den ganzen Winter über keine Ruhe weder Nacht noch Tag vor ihnen gehabt, ja vielmal mußte ich, wenn sie des Nachts starben, vom Bette aufstehen, und die Todten aus der Stube schleppen, wann ich nicht wollte von dem Geruch vergiftet sein, bis sie endlich des Morgens von den Leuten konnten weggetragen und begraben werden. — Von mehr als 200 Familien, welche auf 2 bis 3 Meilen um die Colonie herumwohnten, waren nur kaum noch 20 Familien übrig, so daß die Colonie fast ganz öde und wüste von Grönländern war. Allein auf der Colonie bei mir starben mehr als 50 Personen, — wie betrübt und niedergeschlagen mich das machte, kann ich nicht beschreiben; denn es dünkte mich, daß nun alle Mühe, Fleiß und Unkosten vergeblich angewendet wären, und daß das Wer welches doch zu Gottes Ehre angefangen, nun wider Vermuthen zerfallen und zu nichts werden sollte, zumal da ich vernahm, daß die Seuche auch gegen Norden und Süden grassirte, und es also nicht anders aussah, als wenn das ganze Land sollte wüste werden. Ich gestehe, daß diese betrübte Veränderung auch eine große Veränderung in meinem Gemüthe verursachte, daß ich auch den Entschluß änderte in Grönland zu bleiben, und meine Kräfte je länger je mehr vergebens zu verzehren, wo die Leute fast gänzlich ausgestorben, wozu wäre denn meine Gegenwart nütze! Kurz, mit welcher Lust und Begierde ich zuvor nach Grönland gesehen, je größere Lust hatte ich nun auch wieder davon wegzugehen."

Die vielen Anstrengungen und Mühen, denen er sich in der Krankheitszeit hatte unterziehen müssen, hatten seine Kräfte verzehrt. Er fühlte, daß er nicht länger den Beschwerden des Lebens in dem fremden Lande gewachsen sei. Auch seine Frau Gertrud hatte über ihr Vermögen sich dem Dienste der Kranken und Schwachen gewidmet, so daß sie von der Zeit an keinen Tag gesund war, bis sie Gott endlich zu sich nahm.

Alle diese Verhältnisse erregten in Egede den Gedanken an eine Rückkehr nach Europa. Er beschäftigte sich in dieser Zeit viel damit, er betete unablässig zum Herrn, daß er ihm seine Wege zeigen möge. Mit seiner Frau faßte er den Entschluß, das grönländische Missionswerk in die Hände seines Sohnes Paul, der im August 1734 von Kopenhagen nach Godthaab zurückgekehrt war, zu legen. Er selbst wollte mit Frau und den übrigen Kindern nach Europa zurückkehren. — In Kopenhagen wurde ihm die erbetene Entlassung im Jahre 1735 ertheilt. Da aber seine Frau noch nicht wieder hergestellt war, so mußte Egede mit seiner Abreise einige Monate warten. Gertrud's Schwäche nahm von Tage zu Tage zu. Die Hoffnung auf ihre Genesung schwand. Der vielgeprüfte Gatte sollte auch noch ihren Verlust in dem Lande so vieler Thränen und Gebete erfahren. Am 21. Dezember 1735 entschlief die treue Dienerin des Herrn selig im Glauben an ihren Erlöser. Egede schreibt von ihrer letzten Zeit: „Sie trug als ein Gotteskind das ihr auferlegte Kreuz mit großer Geduld. Und wie sie vernahm, daß es zum Tode ging, rief sie ihren Gott und Erlöser recht innig um eine gnädige und selige Erlösung aus diesem Jammerthale an. Nachdem sie noch einen liebevollen Abschied von mir und den Kindern genommen, erlösete sie Gott durch einen seligen Tod von ihren schweren Leiden." Egede erkannte dankbar an, was der Herr ihm in ihr geschenkt hatte. „Das Lob und der Ruhm," sagt er „den ich ihr geben kann, reicht nicht so weit, als es ihre Gottesfurcht und christlichen Tugenden verdienen. Ich will Nichts davon melden, welche treue Ehegattin und zärtliche Mutter sie gewesen, sondern nur wie willig und ergeben sie war, sich meinem Willen zu unterwerfen, da ich den Entschluß faßte, mein Volk und Vaterland zu verlassen, und mich nach Grönland zu begeben, um die unwissenden Einwohner in der christlichen Lehre zu unterweisen. Denn obgleich Freunde und Verwandte ihr heftig zusetzten, daß sie um ihrer und meiner und unserer kleinen Kinder zeitlichen Wohlfahrt willen, mir in diesem vor menschlichen Augen dummdreisten Vorhaben wiederstehen sollte, so ließ sie sich doch aus Liebe zu Gott und zu mir überreden, in meinen Vorsatz einzustimmen, und als eine neue Sarah mit ihrem Abraham von ihrem Volk und Vaterhause in ein fremdes, ja hartes und heidnisches Land zu gehen. Wie geduldig und freudig sie mit mir alle Mühe und Widerwärtigkeiten ausgestanden, ja wie oft sie mein Gemüth getröstet und aufgemuntert hat, wenn es bei so manchem Anstoß kleinmüthig und niedergeschlagen geworden, das ist Vielen bekannt." —In das Lob des Gatten stimmen auch die Sendboten der Brüdergemeinde ein, welche „sie mit Wohlthaten überschüttet und bei allen Gelegenheiten behandelt hat, als ob sie ihre Kinder wären."

Egede fühlte sich nach dem Tode seiner Gattin unaussprechlich verlassen. „Wäre," so schreibt er, „die tröstliche Hoffnung nicht von einer freudigen Wiedervereinigung im Reiche der Herrlichkeit, ich hätte kaum mich trösten können über den Heimgang einer so frommen und tugendhaften Ehefrau." Sie war die einzige Seele gewesen, welche ihn verstand; die einzige menschliche Stütze in so vieler Noth und Gefahr. Der Verlust einer so trefflichen Lebensgefährtin mußte ihm in der nächsten Zeit noch fühlbarer werden, als auch er auf's Krankenlager geworfen wurde. Zu diesen körperlichen Leiden kamen schwere geistige Anfechtungen. Er selbst mag uns einen Blick in sein Inneres eröffnen. „Am 11. März fühlte ich erstlich solchen Haß gegen Gott in meinem Herzen und solchen Abscheu, sein Wort zu hören, daß ich mich den ganzen Tag davon fern hielt und ihn sehr betrübt für mich verbrachte, ohne meinen Zustand zu offenbaren. Und da ich selbigen Abend in meiner Unruhe und Verwirrung zu Bette gehen wollte, kam es vor meine Ohren als ein sausender Wind, der mir auf's Herz und in alle Glieder fuhr, mit einer solchen Pein, daß ich solches nicht aussprechen und erzählen kann. Mein Leib fing an zu zittern und zu beben; ich war auch nicht mächtig, meine Zunge zu rühren und meine Kinder zu rufen, die nebenan in einer Stube waren. Unterdessen war es mir nicht anders, als wenn meine Seele mit Höllenangst umgeben wäre und mit Todesbanden gefesselt. Da ich aber wieder ein wenig zu mir selber kam und meine Zunge rühren konnte, brachen die halb verzweifelten Worte heraus mit Ach und Wehe, daß mich Gott verlassen habe. Das verursachte, daß sich meine Mitbrüder und lieben Kinder zu mir begaben und sich bemüheten, mich aus Gottes Wort zu trösten. Ich armer Mensch war nicht im Stande, einigen Trost anzunehmen, denn mein Gewissen verdammte mich, daß ich gedachte, ich hätte keine Hülfe mehr bei Gott. All mein Geblüt und Odem war aufrührerisch, mein Leib und alle Glieder bebten; kurz zu sagen: ich wußte vor innerlicher und äußerlicher Angst und Schmerzen nicht wohin. In diesem elenden Zustande brachte ich etwa zwei Stunden zu. Der gütige

Gott aber, welcher nicht ewig verwirft, ob er schon betrübet, sondern nach seiner großen Barmherzigkeit sich wieder erbarmet und den Menschen nicht von Herzen plaget, erbarmte sich über mich und hörte die Stimme meiner Vermahnung, als ich ihn anrief: er führte mich wieder aus der Hölle, und gab mir das Leben."

Bis in den Sommer 1736 blieb Egede in Grönland. Es war eine Zeit reich an Schmerz, aber auch reich an Erquickung. Die Grönländer kamen von allen Seiten herbei, dem geliebten Priester ihre Liebe zu beweisen. Jeder wollte ihn noch einmal sehen und hören. Am 28. Juli 1736 hielt er seine Abschiedspredigt. Der Text, welchen er derselben zu Grunde legte, spricht sein ganzes Innere aus. Er steht Jes. 49, 4.: „Ich aber dachte, ich arbeitete vergeblich und brächte meine Kraft umsonst und unnützlich zu; wiewohl meine Sache des Herrn und mein Amt meines Gottes ist." Kein Wort der Klage kam über seine Lippen. Die Predigt war voll von Lob und Preis gegen Gott, dessen Treue ihm stets zur Seite gegangen war. — Nach der Predigt wurde von ihm noch ein grönländischer Knabe getauft, der zu seinem Andenken den Namen H a n s erhielt. —

Dem E g e d e wurde das Scheiden von dem Lande so vieler Thränen und Gebete nicht leicht. Ihm war's wie einem Ackerbauer, der, nachdem er im Schweiße des Angesichts sein Feld bearbeitet hat, aus seiner Arbeit herausgerissen wird, wenn die Saat der Erndte entgegen reift, und nun andern Schnittern die Freude des Einsammelns lassen muß. Aber er war froh in seinem Gott und Herrn. Zudem hoffte er, in dem Vaterlande für das Werk der Mission mehr thun zu können, als jetzt in Grönland, denn das stand ihm fest, daß Gott der Herr noch einmal sein Werk in diesem Lande herrlich vollenden werde. Das hat er selbst uns bezeuget, wenn er schreibt: „Daß dieses mein Augenmerk war, das ist dem allwissenden Gott bekannt, so wie, daß ich keine Art von Erquickung oder Belohnung für die ausgestandene Arbeit suchte, welches mir nicht frommen würde. Denn so wie ich nicht um zeitlichen Vortheils oder Nutzens willen nach Grönland gezogen bin, so habe ich es dieserhalben ebenso wenig verlassen; sondern Gottes Ehre allein und die Erleuchtung dieser armen unwissenden Menschen war, ist und wird mein einziges Augenmerk, ja der unablässige Wunsch meines Herzens bis zu meinem Tode sein."

Von den Sendboten der Brüdergemeinde ging er in Frieden. Sie haben ihr Unrecht eingesehen und ihn um dessen Verzeihung gebeten. Egede trug gegen sie keinen Haß. Er versprach ihnen, daß er in Kopenhagen nach Kräften für ihr Wohlergehen Sorge tragen wolle und wünschte ihnen reichen Segen des Herrn für ihre Arbeit. — Also schied Egede von seinem Grönland. Aber bis auf den heutigen Tag haben die Grönländer das Gedächtniß „des unvergeßlichen Vaters," wie sie ihn nennen, in Ehren gehalten.

Mit seinem Sohne Niels und zwei Töchtern ging Egede am 9. August 1736 zu Schiffe. Zugleich nahm er die Ueberreste seiner entschlafenen Frau mit, ihnen die letzte Ruhestätte im Heimathlande zu bereiten, denn „dort sie zu begraben, achtete er für christlich und geziemend." Am 24. September erreichte er Kopenhagen. Seine erste Sorge galt der Bestattung seiner Frau. Auf dem Nikolai-Kirchhofe ließ er ihr das Grab bereiten. Da schlummert die heldenmüthige Magd des Herrn bis zum großen Tage der Auferstehung. —

Egede's Liebe zu den Grönländern ließ ihn auch in der Heimath nicht ruhen. Sein ganzes Leben sollte dem Werke des Herrn unter diesem Volke geweihet sein. Er reichte dem Könige Vorschläge zu einer kräftigern Unterstützung der grönländischen Mission ein. Als das Nothwendigste stellte er die Vermehrung der Arbeitskräfte hin. Er konnte aus eigener Erfahrung davon ein Wörtlein sagen, wie sehr der Mangel an tüchtigen Gehülfen eine gesegnete Arbeit unmöglich gemacht. Und damit solche Sendboten sogleich bei ihrer Ankunft Hand ans Werk legen könnten, hielt er's für gut, daß sie in Kopenhagen in der grönländischen Sprache unterrichtet und vorbereitet würden. Der König ging auf diese Vorschläge ein. Ein grönländisches Seminar wurde in Kopenhagen errichtet. Darin sollten Studenten zu Missionaren, Waisenknaben zu Katecheten ausgebildet werden. Egede wurde Vorsteher dieser Missionsanstalt. Nach wenigen Jahren erweiterte sich sein Wirkungskreis dahin, daß die ganze grönländische Mission unter seine specielle Aufsicht gestellt wurde. Das Königliche Missionskollegium behielt sich nur die obere Leitung derselben vor. Nach der ihm am 18. März 1740 gewordenen Weisung hatte Egede die geeigneten Sendboten auszuwählen, denselben die nöthigen Anweisungen für ihr Amt mitzugeben und sie ferner in ihrer Thätigkeit zu beaufsichtigen. Zu diesem Amte war er der rechte Mann; einen erfahreneren hätte man im ganzen Lande nicht finden können. In welchem Geiste er seine Wirksamkeit fortsetzte, das zeigt vor Allem die von ihm für die Missionen abgefaßte Instruktion, aus welchem ich die hervorspringendsten Grundzüge hier folgen lasse. „Die

Missionare," sagt er, „sollen sich bemühen, die Grönländer von Gottes Dasein und Wesen, von der herrlichen Natur des Menschen und von dem Vorzuge derselben vor allen sichtbaren Dingen; aber auch von ihrem tiefen Verfall und Verderben zu überzeugen. Besonders müßten sie die Methode Christi und der Apostel vor Augen haben; und wo es thunlich sei, aus den eigenen Principien der Unwissenden Anlaß nehmen. In dieser Hinsicht könne das 17. Capitel der Apostel-Geschichte eine gute Anleitung geben, und sei als ein lernhaftes Compendium für die Missionare anzusehen. Sei auch nicht so große Bildung bei den Grönländern, wie bei vielen andern Heiden, so seien auf der andern Seite auch nicht so starke und eingewurzelte, durch Gesetze, Einrichtungen, Traditionen, abgöttische Tyranei und Gewalt befestigte Vorurtheile bei ihnen. Die Missionare sollen mit Fleiß die Grönländer von ihrem Aberglauben überzeugen und die Betrügereien der Angekoks aufdecken. Welche Begriffe von einem höheren Wesen, das sie verehrten und von dem sie ihr Heil erwarteten, von der Unsterblichkeit der Seele und einem zukünftigen bessern Leben sie bei den Grönländern vorfänden, diese könnten sie als eine Handhabe benutzen, um ihnen eine reinere und höhere Erkenntniß beizubringen. Dabei müßten sie aber zusehen, daß sie keinesweges diese Vorstellungen neben der reinen Lehre sie behalten ließen, damit nicht, wie beim Volke in Samaria ehemals (1 Könige 17), ein unreines Gemisch daraus entstünde. Es würde vielleicht den Grönländern wohl anstehen, wenn sie ihnen den alten Aberglauben ließen; allein ein solches Verfahren mit den Heiden sei bloß eine eingebildete Klugheit und ein schlechter Kunstgriff der römisch-katholischen Missionare, um ihre Kirche in China und anderswo zu befestigen. Gewiß sei diese Methode die Ursache so vieler abergläubischen Gedanken und Gewohnheiten auch bei uns, wo doch das Christenthum so lange geherrscht habe: man habe sich bei der Einführung desselben an einem blos äußerlichen Bekenntniß ohne Erkenntniß und Ueberzeugung begnügen lassen. Der Aberglaube müsse gleich, soweit möglich bekämpft und ausgerottet werden, damit nicht später die Bekämpfung desselben desto schwieriger werde. Nachdem sie von Gott und dem Verderben der Menschen gesprochen, könnten sie von Gottes erbarmender Gnade reden, welcher sich selbst durch seinen eingebornen Sohn zu dem Ende genuggethan, damit der Mensch vom Sündenfalle aufgerichtet, gebessert und ewig selig werden möchte, — dann könnten sie Buße und Glauben vorhalten. Allein beim Vortrag dieser Lehre von Buße und Glauben müßten sie die Beschaffenheit der einzelnen Individuen, oder wenigstens Versammlungen, ihre größere oder geringere natürliche Bequemheit und Begriffe, so wie das Leben, das sie führten, sich genau vor Augen stellen. Persönliche Bekanntschaft mit den Zuhörern, Freundlichkeit und Geduld sei in aller und jeder Weise zu empfehlen. Sie sollten zugleich mit Fragen verfahren, und den Grönländern selbst Veranlassung geben zu fragen; die natürliche Neugierde, den Mutterwitz derselben dürften sie nicht unbenutzt lassen. Allmählig könnten sie deutlich und einfältig die einzelnen Religionslehren vortragen. Durchaus müßten sie auf ihrem Posten sein gegen die Schminke der Natur bei den Grönländern, indem diese vor andern Heiden manche menschliche Tugend, wie Verschämtheit, gegenseitige Liebe und Uneigennützigkeit zur Schau trügen, und deshalb leicht auf die Meinung gerathen könnten, als ob die Bekehrung, welche das Christenthum fordere, nicht nothwendig sei. Die Missionare müßten deshalb vorzugsweise von den Sünden ausgehen, durch deren Abthun dem Ganzen oder dem Einzelnen irgend eine ersprießliche Folge sich zeigte, und bei jeder Gelegenheit ihnen Zutrauen zu den redlichen Absichten der Christen beibringen. Besonders sollten die Missionare sich die Jugend angelegen sein lassen. Zuerst sollten die Glaubens-Artikel, nachher die zehn Gebote, endlich die andern Theile des Katechismus erlernt und verstanden werden. Die Missionare sollten weiter suchen, Waisen unter den Eingebornen an sich zu ziehen und diese zu Katecheten vorzubilden. Diese sollten mit der Landeskost, wie man sie von den Grönländern erhalten könne, unterhalten werden; eine alte Frau auf der Colonie sollte ihnen zur Hand sein, um ihre Kleider zu nähen, und ein verheiratheter junger Grönländer sie die Jagd und Fischerei lehren, damit sie mit der Zeit ihren eigenen Unterhalt erwerben könnten. Ordentliche Tabellen und Register sollten über alle Katechumenen gehalten werden, über ihre Fortschritte u. s. w. Ebenso sollten die Missionare über alle ihre Amtsgeschäfte Tagebücher halten. Es sei nicht genug, den Katechumenen historische Kenntnisse beizubringen; tiefe Ehrfurcht vor dem Höchsten, wahren Glauben, Liebe, Vertrauen, innere Gottesfurcht und die daraus entsprießenden Tugenden zu pflanzen, darauf sollte ihr Augenmerk gerichtet sein. Die Vorbereitung der Erwachsenen zur Taufe sollte mit vielem Fleiß und großer Behutsamkeit getrieben werden. Man dürfe nicht darnach fragen, wie Viele getauft würden, sondern wie wohl vorbereitet die Getauften wären. Sie sollten nicht vergessen, die eigenen Leute auf der Colonie zur Gottesfurcht anzuhalten, so daß sie die Zeit des Sonntags, welche von dem öffentlichen Gottesdienste übrig seinicht zu weltlichem Vergnügen, sondern zum Lesen der Bibel und zu gottseligen Uebungen anwendeten, damit die Heiden von ihnen, indem sie dies sähen, erbaut werden möchten. Uebrigens sollten sie sich hüten, ihren eigenen Leuten, oder den einfältigen Grönländern den allergeringsten Anstoß oder irgend ein Aergerniß zu geben, und überall als Exempel in rechtschaffenem Glauben und guten Werken vorleuchten. Dieses Alles zu üben und zu halten, sei das Gebet eines der kräftigsten Mittel. Sie sollten fleißig beten, für sich selbst in der Stille, für die Zuhörer öffentlich in Aller Gegenwart, bei jedem Amtsgeschäfte unter den Grönländern in der Nationalsprache, damit Andacht und Preis der majestätischen Gegenwart Gottes erweckt, der Segen herabgefleht werde, und die Heiden daraus erfahren könnten, wie wohl man es mit ihnen meine." Bis in den Anfang des Jahres 1747 hat er sein neues Amt mit Eifer und Treue versehen. Auch selbst während dieser Zeit hat's ihm an Leid nicht gefehlt. Das Missionskollegium ließ oft seine besten Rathschläge und Winke unausgeführt, und das schmerzte ihn tief. Und wie mußte es den treuen Zeugen des Herrn betrüben, wenn er Miethlinge, die nicht einmal auf dem lautern Grunde der evangelischen Lehre standen, in den Weinberg des Herrn nach Grönland ausgesendet sah! In mehreren an das Missions-Collegium gerichteten Schreiben führt er darüber Klage, daß man in der Wahl der Missionare nicht sorgfältig genug zu Werke gehe, und ihre Lehre und ihren Wandel nicht vorerst genug untersuche. Sein Amtsgeschäft, betheuert er, gebiete ihm, „genaues Einsehen damit zu haben, ob die Missionare ihr Amt zur Erbauung der Grönländer treulich und rechtschaffen verwalten, denn er wollte nicht durch sein Schweigen an irgend etwas Theil nehmen, was nicht rechtschaffen nach der Wahrheit des Evangelii zugehe," er bezeugt vor Gott, "daß er nicht aus Haß oder Leichtsinn seinen Nächsten anklagen oder übel berüchtigen wolle; allein weit strafbarer müsse er doch sein, wenn er schweige, wo Gottes Ehre ihm zu reden gebiete, und deßhalb spricht er die Hoffnung aus, daß man ihm seinen Eifer nicht zum Bösen deuten werde. Laut klagte er besonders darüber, daß gerade Godthaab, der Ort, wo er zuerst mit vieler Mühe und Arbeit das Eis gebrochen, jetzt mit einem unfleißigen und in der Missionspraxis nicht rein evangelischen Lehrer versehen sei. Seine Klagen blieben ohne Erfolg. Das Missions-Collegium stellte sich auf die Seite der angeklagten Missionare; die Schäden, auf deren Abstellung der betagte Zeuge des Herrn drang, wurden immer größer, die Mission in Grönland konnte dadurch nicht zur Blüthe kommen. Egede hatte keine Freudigkeit, unter solchen Verhältnissen das ihm anvertraute Amt länger zu verwalten. Am 5. Januar 1747 bat er um seine Entlassung aus demselben. Er sehnte sich nach so langer Kampfeszeit nach Ruhe für seinen Lebensabend. In dem Schreiben an das Missionskollegium spricht er sich über die Ursache seiner Bitte also aus: "Wäre ich sonst nur so glücklich gewesen, die Frucht meiner Bemühungen zu ernten, die ich gewünscht und gehofft hatte, dann würde ich wohl alle sonstigen Verluste leicht verschmerzen, so aber muß ich sehen und dulden, daß der Lehrgrund, den ich gelegt, welcher Christus und sein Verdienst ist, wo nicht ganz umgestoßen, doch allerlei Holz und Stroh, das leicht verbrennt, statt des reinen und beständigen Glaubensgoldes darauf gebaut wird; dieses schmerzt mich aufs Höchste und macht mich des Lebens überdrüßig, was doch, wie ich hoffe, nicht so lange dauert, da durch die Seelenkränkung meine innere Schwäche von Tage zu Tage vermehrt wird."

Egede erhielt seinen Abschied. Er verließ die Hauptstadt und ließ sich in dem Städtchen Stubbekjöbing auf der Insel Falster nieder. Da hat er den Abend seines vielbewegten Lebens in stillem Frieden verlebt. — Sein Tod war ein sanftes Einschlummern. Das Ungemach, welches das Alter den Menschen zu bringen pflegt, hat er nicht gekannt. Er blieb bis in seine letzten Tage gesund. Nicht lange vor seinem Ende sprach er gegen die Seinen seine Ahnung des nahen Scheidens aus. „Kinder," sagte er, „ihr werdet mich nicht lange behalten." Als er gefragt wurde, woher er doch das wisse, da er ja gesund sei, antwortete er: „Es ist mir in der Nacht vorgekommen, als ob einige selig Verstorbene mir gewinkt haben."

Sein letzter Wunsch war, an der Seite seiner seligen Gertrud in Kopenhagen beerdigt zu werden. Daß sie ihm den erfüllen wollten, mußten die Seinen feierlichst versprechen; sonst wolle er selbst hinreisen, um da zu sterben. Am 5. November 1758 schloß er die Augen für diese Welt, um in den Armen seines Heilandes wieder aufzuwachen.